71歳、ひとり暮らし。愉しい定食

さっと作ってゆったり味わう

大庭英子

家の光協会

はじめに

一昨年に出版した『68歳、ひとり暮らし。きょう何食べる？』では、私が毎日食事を作るなかで生まれた、料理がラクになってちょっと楽しくなる、そんな工夫をあれこれ紹介しました。おかげさまで多くの方から反響をいただきましたが、なかには「ひとりごはんの献立も知りたい」、「大庭さんはどんな組み合わせで食べているの？」といった声も。そこで、この本では、私の普段の食事を定食仕立てで紹介することにしました。

私の食事は、好きなものを食べるのが基本です。今日はお肉を食べたい！という日はステーキをメインにし、野菜の副菜を添えます。生野菜が食べたいなというときは、たっぷりの野菜にツナやゆで卵を合わせたサラダとパンだけ、なんていうことも。近頃はタンパク質を積極的にとるようにしていますが、おかずは1～2品と簡素な献立です。

おかずの数が少なくても、一食のなかに肉や魚などのタンパク質と、野菜類、ご飯やパンなどの主食が取り入れられればＯＫと考えています。ひとり暮らしの場合、毎食たくさんの食材を食べようとすると食材も余りますし、一日中料理することになってしまいます。ですから、この本では少ない材料ですぐに作れる料理を紹介しています。

自分のために料理をするのが面倒なときもあります。私はそんなとき、ちょっと高級な食材を買ったりして気分を上げています。また、ワンプレートに盛り合わせたり、お弁当箱に詰めたりすると、いつものおかずでも雰囲気が変わって違うものに見えるから不思議。天気のいい日はベランダでランチ、というのも気持ちがいいですよ。些細なことでも、自分にとって「食事が楽しくなる何か」を実践してみると、きょうもごはんを作ってよかったという気持ちになります。この本が、みなさんの「愉しい定食」作りの参考になればうれしいかぎりです。

大庭英子

目次

◆肉が食べたい

◆卵が食べたい

✚汁ものが主役

✚ご飯が主役

✚ストックしている炭水化物で

＊計量単位は1カップ＝２００㎖、大さじ1＝15㎖、小さじ1＝5㎖です。
＊電子レンジは出力６００Ｗのものを使っています。５００Ｗの場合は1.2倍にしてください。機種によって違いがあるので、様子をみて加減してください。
＊塩は精製されていないものを使っています。
＊バターは有塩を使っています。
＊この本で使っている油は、特に指定がないものは「油」と表記しています。好みの植物油を使ってください。

おかずは1〜2品でOK。皿数や品数にこだわることはありません。

肉や魚介、卵、大豆製品などのタンパク質、野菜やきのこ、フルーツなどのビタミン・ミネラル類、ご飯やパンなどの炭水化物。この3つがちゃんと入っていれば、皿数や品数にこだわることはありません。主菜＋副菜＋ご飯でもいいし、具だくさんのスープ＋パンでもいいし、ご飯の上におかずをのせたどんぶりもの1品でもいいんです。それが定食？と思われるかもしれませんが、それも立派な定食。バランスがとれていれば、おなかも心も満足します。お盆の上に自分が作った料理をセットして席につけば、ちょっと背筋が伸びて、食事の時間が愉しくなります。

★作りおきなし、すぐに作って食べたい

あらかじめ下ごしらえをしておく、常備菜を作っておく……といった食事の準備が楽しいときもありますが、そればかりだとキッチンに立つ時間が増えていくだけ。時間があってもなくても、その場でパパッと作れる料理のほうが気楽。下ごしらえがいらない料理、手順の少ない料理、調味料が少ない料理がいいですね。

★ひとりが1回に食べきれる量を作りたい

多めに煮たり、まとめて漬けたり……といったまとめ作りの便利さも十分知っています。でも、買ってきた材料と家にある材料をパパッと組み合わせて、そのとき食べたいものを食べたい量だけ作る楽しみもありますよね。おいしいものは一番おいしいタイミングで食べきる、そんなミニマムなレシピを提案します。

ひとり定食のすすめ2

生鮮食材は、小さめパックのもの、下ごしらえがいらないものを選ぶようにします。

★肉はすぐに使える薄切り肉、魚介は1日で食べられる量の刺し身、切り身1切れのパック、しらす干しや明太子は小袋入り

★卵は6個入り、豆腐はミニサイズ、油揚げは1〜2枚入り

★キャベツは小さいものは½カット、大きいものは¼カット。にんじんやきゅうりは1本、玉ねぎやじゃがいもは1個。大根は⅓本または½本

近年はさまざまな食材が少人数用の小さなパックに入っていたり、魚は1切れ、野菜も1本単位で買えるようになっています。1人分のレシピには、おあつらえ向き。食材は新鮮なうちに調理するほうがおいしいし、無駄にすることなく使いきれます。鮮魚売り場にある「刺し身盛り合わせ」も便利。その日食べたい分に見合うようなサイズのパックを買うようにしましょう。下ごしらえなしで使える薄切り肉、卵、豆腐、油揚げ、しらす干しや明太子などの加工品もおすすめです。

ひとり定食のすすめ3

肉加工品、練り製品、チーズ、乾麺は常備。ご飯やパン、うどんは冷凍庫にあると安心。

★ハムやベーコンなどの肉加工品、ちくわやかまぼことい った練り製品

★チーズは、スライスタイプのナチュラルチーズとブロックタイプのハードチーズ

★乾麺は、日本そば、中華麺、春雨、パスタなど。ほかに、そうめん、ビーフンなど好みのものを

★冷凍しておくのは、ご飯、餅、パン、市販の冷凍うどん。ご飯の冷凍は、炊き上がってまだ温かいうちに小分けにしてラップで包み、冷めてから冷凍庫に入れるのがおいしさを保つポイント

思った以上に便利なのが、ハムやベーコン、ソーセージなどの肉加工品、ちくわやかまぼこといった魚介加工品である練り製品。下ごしらえがいらないからすぐに使えるだけでなく、ちょっと加えるだけで味出しになり、肉や魚介がなくても料理が成り立ちます。チーズも日持ちがしてすぐに食べられる便利アイテム。また、ご飯やパン、麺などの主食はストックがあると安心。乾麺はゆでるのに時間がかかりますが、賞味期限が長いので、早く使わなくちゃ、と気にする必要がありません。

ひとり定食のすすめ4

1人分を作るのにちょうどいいのは、小さめの鍋やフライパン。

★小さめの鍋。好みのものを

★土鍋。鍋焼きうどんなどに

★せいろ。木製のものは調理中の水分を適度に吸収してくれる

★フライパン。蒸しゆでや蒸し煮もできるように、ふたつきのものを

★耐熱陶器のチゲ鍋。汁気の多いものに

1人分のごはん作りには大きな鍋やフライパンは不要。むしろ小さいサイズのほうが、少ない時間と最低限の調味料でチャチャッとおかずが作れます。鍋は、煮ものやみそ汁など汁気の多い料理に使う深めのものがあれば十分。汁気の少ない料理や炒めもの、揚げものなどにはフライパンがあると便利。いずれも直径16~20㎝。小さい鍋は湯がすぐに沸くし、小さいフライパンは少量の油で調理できるのが魅力です。このほか、調理してそのまま食卓に出せる土鍋、せいろもおすすめ。

ひとり定食のすすめ5

手早く、上手に仕上げるための、あると便利なキッチン道具とシンプルなお盆。

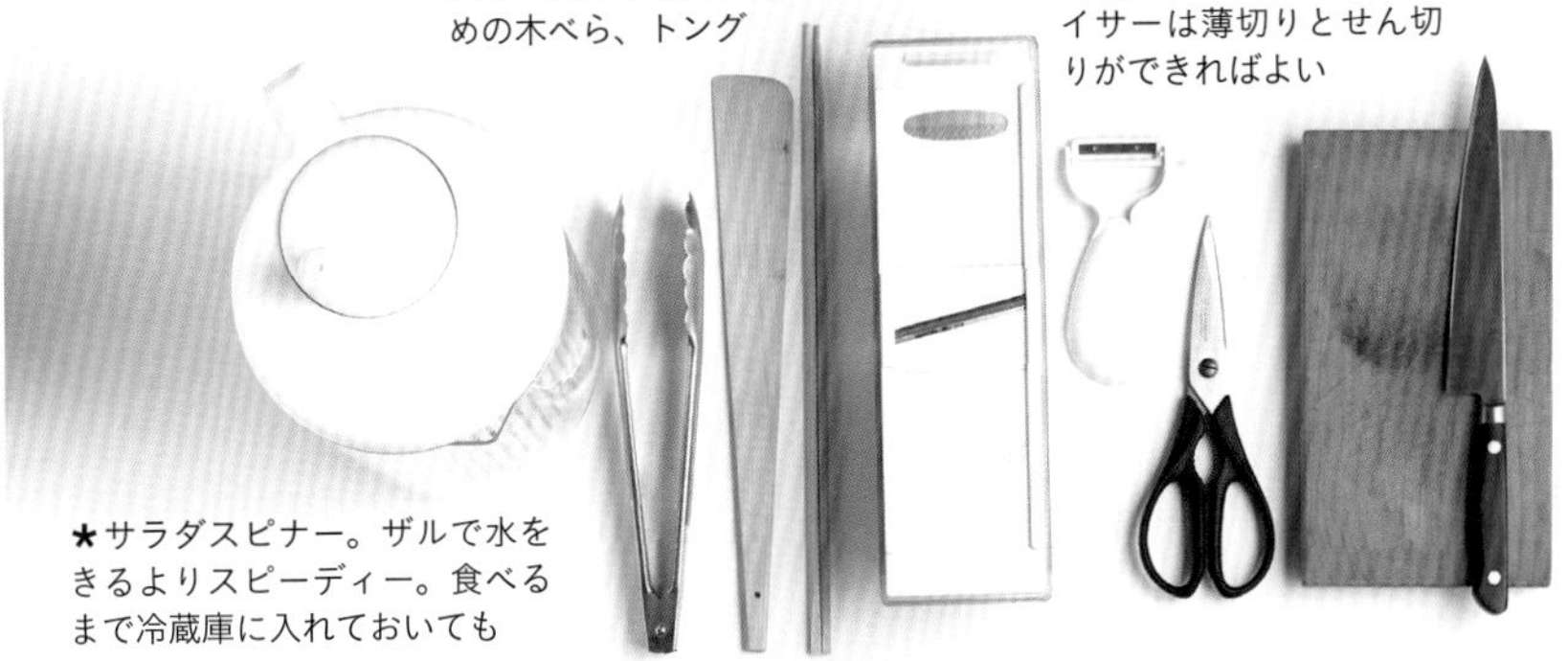

★調理中に使うのは、短めで細めの菜箸、細めの木べら、トング

★キッチンばさみ、皮むき器、スライサー。スライサーは薄切りとせん切りができればよい

★まな板と包丁は小さめ

★サラダスピナー。ザルで水をきるよりスピーディー。食べるまで冷蔵庫に入れておいても

★真空パック器も使っています

長期保存ができるので意外と便利です。たとえば、栗の季節に栗をゆでたら、真空パックにして冷凍してお正月に使う、えび天を作ったら、いつ食べるかわからない分を真空パックにして冷凍しておく、など。

★料理を盛った器をシンプルなお盆にのせて食卓へ。折敷の中に収まった定食はそれだけでキリッと見え、おいしそう

料理を1人分作るのに、仰々しい道具はいりません。まな板と包丁は、鍋やフライパン同様、小さめサイズで十分。小さいほうが軽いし、洗うのもラクです。また、袋の封を開けたり、包丁の代わりに薬味や海苔を切ったりと、何かと出番が多いのがキッチンばさみ。皮むき器、スライサー、サラダスピナー（野菜の水きり器）も、料理をおいしく仕上げるために必須です。また、最近頻繁に使うのがトング。肉やベーコンをフライパンの中でひっくり返したり、ゆでたパスタを持ち上げたり、熱いものをつかむのに便利です。

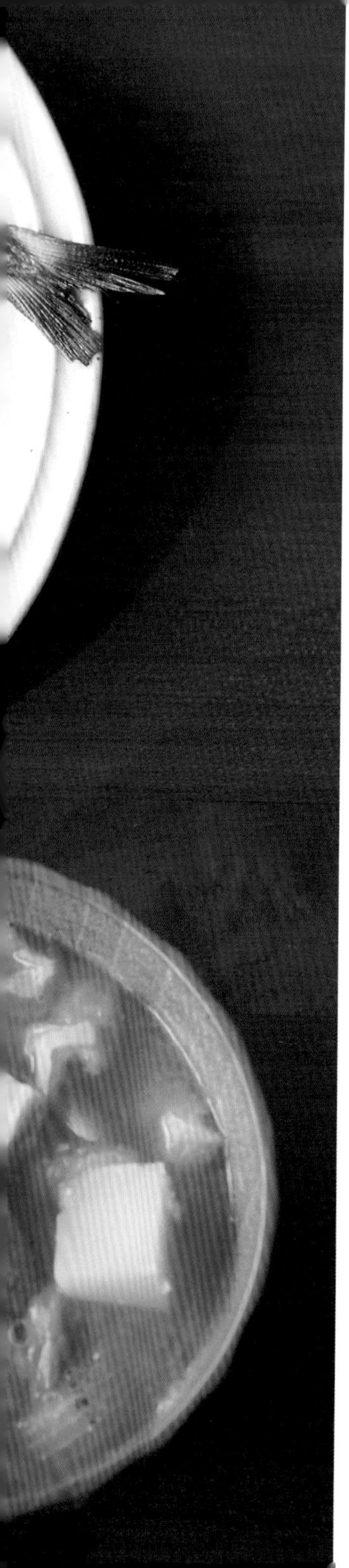

焼くだけでOKの干物は、いつでも便利

あじの干物定食

＋あじの干物
菜の花のマヨしょうゆ添え
＋具だくさんみそ汁
＋ご飯

魚が食べたい、そんなときに手っ取り早いのが干物です。私がよく買うのは、あじ、かます。焼くと香ばしく、身はジューシーでふっくら。干物でしか味わえない独特のうまみがあり、食欲を刺激してくれます。栄養的にも生のあじと同様、良質のタンパク質源であり、不飽和脂肪酸のＥＰＡ、ＤＨＡも豊富です。買うときは、食べきり1枚パックがおすすめですが、もしなければ2枚入りを買い、その日食べない分はすぐにラップに包んで冷凍用保存袋に入れ、冷凍庫へ。

組み合わせるのは、じゃがいも、玉ねぎ、キャベツを入れたみそ汁。野菜をこのお椀で山盛りとりたいので、具だくさんにするのがポイントです。野菜のみそ汁には油揚げを入れると味に深みが出ます。また、干物は塩気が強いので、菜の花やほうれん草、絹さやなどの緑の野菜をさっとゆでて添えるといいですね。

あじの干物 菜の花のマヨしょうゆ添え

材料（1人分）
あじの干物　1枚
菜の花　100g
○マヨネーズ　しょうゆ

[1]あじの干物はグリルなどで焼く。
[2]菜の花は根元を少し切り落とし、塩少々（材料外）を加えた熱湯でゆで、冷水にとって冷まし、水気を絞る。半分の長さに切る。
[3]器にあじの干物を盛り、菜の花を添え、マヨネーズ大さじ½、しょうゆ少々を混ぜて菜の花にかける。

具だくさんみそ汁

材料（2回分）
油揚げ　1枚
じゃがいも　1個
玉ねぎ　½個
キャベツ　80g
だし汁　2½カップ
○みそ

[1]油揚げは縦半分に切り、1cm幅に切る。
[2]じゃがいもは皮をむいて1cm厚さのいちょう切りにし、水に10分ほどさらして水気をきる。玉ねぎは縦1cm幅に切る。キャベツは3cm四方に切る。
[3]鍋にだし汁、油揚げ、じゃがいも、玉ねぎを入れて中火にかけ、煮立ってきたらふたをして弱火で煮る。
[4]じゃがいもがやわらかくなったら、中火にしてキャベツを加え、しんなりするまでさらに煮て、みそ大さじ2を溶き入れて火を止める。

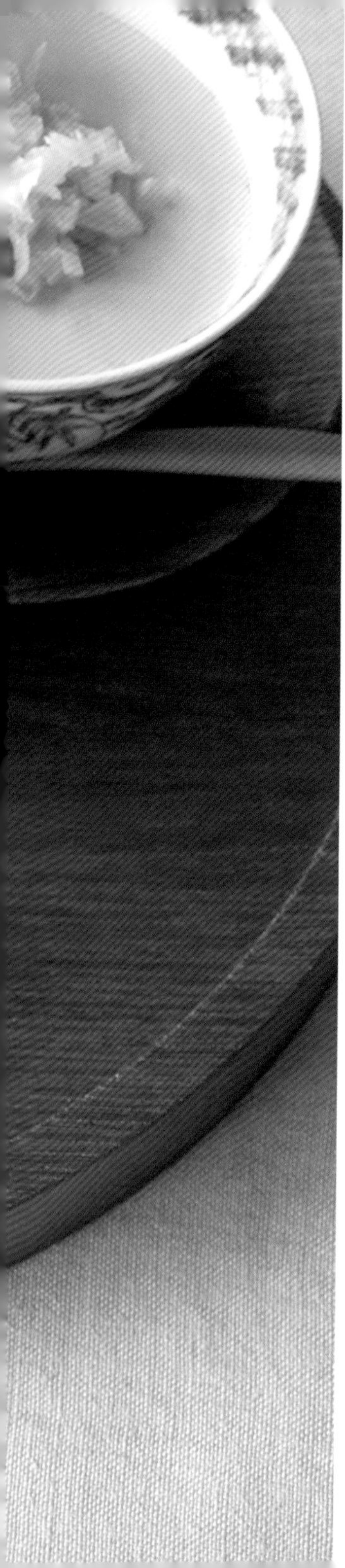

刺し身盛り合わせで、簡単豪華

漬け丼定食

+漬け丼

+とろとろ茶碗蒸し

最近のスーパーでは少し値の張る刺し身でも少量パックで買えるようになり、ひとり暮らしにはうれしいかぎり。私がいつも選ぶのは数種類入った刺し身盛り合わせ。もちろん好きなネタだけのパックを買ってもいいのですが、赤身と白身、貝類などがミックスされているほうが見た目が華やかで、いろいろな味が楽しめるから好きです。

さて、買って帰ったら、しょうゆ、みりん、酒を合わせた漬け汁をからめておくのがポイント。この「漬け」が実にすしめしと合うんです。刺し身はいいけど、すしめしが面倒ですか？　1人分なら簡単です。ボウルに温かいご飯を入れて、酢、塩、砂糖を次々入れて混ぜるだけ。

温かいものも食べたいから、汁もの代わりに茶碗蒸し。汁ものよりボリューム感があり、2品で大満足の定食になります。電子レンジで作るレシピを紹介します。

漬け丼

材料（1人分）

刺し身盛り合わせ（好みのもの）
1人分（120gくらい）

わかめ（塩蔵） 適量

すしめし
- ご飯（温かいもの） 160〜200g
- 酢 大さじ⅔
- 塩 少々
- 砂糖 小さじ½

おろしわさび 適量

●しょうゆ　みりん　酒

[**1**]ボウルにしょうゆ大さじ1、みりん大さじ½、酒小さじ1を合わせ、刺し身を入れて混ぜ、10分ほど漬ける。

[**2**]わかめは水につけて戻し、さっと洗い、水気をきってざく切りにする。

[**3**]ボウルにご飯を入れ、酢、塩、砂糖を加えて混ぜ、すしめしを作る。

[**4**]器にすしめしを盛り、刺し身のつま（大根のせん切り、青じそ）をのせ、**1**を漬け汁ごと盛りつける。わかめとわさびを添える。

とろとろ茶碗蒸し

材料（1人分）
卵　1個
だし汁　150㎖
キャベツ　20g
○塩

[1]キャベツはせん切りにして水でさっとぬらし、ラップなしで電子レンジで20秒加熱してしんなりさせ、水気を絞る。
[2]ボウルに卵を割りほぐし、だし汁、塩ひとつまみを加えて混ぜ、器（電子レンジにかけられるもの）に万能こし器でこしながら入れる。
[3]ラップなしで電子レンジで2分30秒〜3分加熱し、皿などでふたをして5分ほどおき、余熱で火を通す。
[4]**3**にキャベツをのせる。

漬けておけば、いつでも好きなときに食べられます

魚のみそ粕漬け定食

+鰆のみそ粕漬け焼き
　アスパラ添え
+青菜としめじの煮びたし
+ご飯

体によい栄養素を豊富に含む青背の魚は、すすんで食べたい食材のひとつ。と言っても、鮮度を考えると1人分ずつしょっちゅう買うのも難しい。そこでおすすめなのが、みそ粕漬け。買ってきたら新鮮なうちにみそ粕床に漬けて冷蔵庫へ。青背の魚をいつでもおいしく食べられる工夫です。みそだけだと辛すぎて、酒粕だけだと塩分が少ない、だから、みそと酒粕を合わせたみそ粕床が最適です。ポイントは、1切れを半分に切って漬けること。その日の気分で1切れ食べたり、2切れ食べたり。ここでは鰆《さわら》を紹介しましたが、ぶりやさばでも。焼くときはグリルの空いているスペースに野菜も並べて一緒に焼くといいですね。

副菜は煮びたし。しっかりした味のみそ粕漬けには、だしの香りが効いた汁気のある料理が合います。調理法の違うもの、味つけの違うものを組み合わせてください。

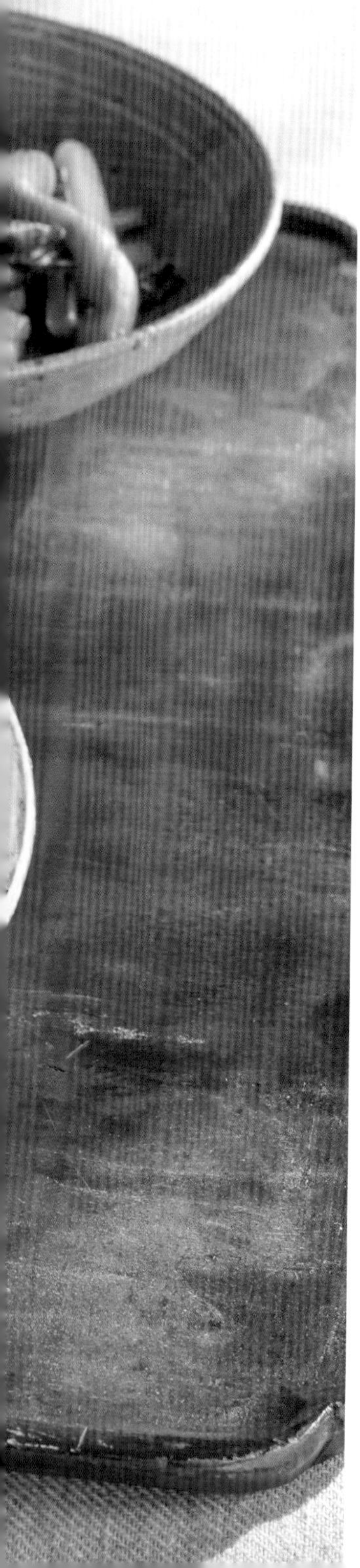

鰆《さわら》のみそ粕漬け焼き　アスパラ添え

材料（1人分）

鰆　1切れ

みそ粕床

- 酒粕（練り粕）　40g
- 白みそ　30g

グリーンアスパラガス　2本

●塩　オリーブオイル

[1]鰆は半分に切り、皮目に2本浅い切り込みを入れ、両面に塩少々をふって20分ほどおき、水気を拭く。

[2]ボウルにみそ粕床の材料を入れて混ぜ合わせる。

[3]ラップを広げ、みそ粕床の½量を敷き、鰆を並べてのせ、残りのみそ粕床をぬるようにして広げる。ラップで包み、冷蔵庫でひと晩漬ける。

[4]3の鰆のみそ粕をぬぐい取る。アスパラガスは切り口を少し切り落とし、下半分の皮をピーラーでむき、長さを半分に切り、オリーブオイル小さじ½をからめる。

[5]グリルを熱し、鰆とアスパラガスをのせ、中火で8～10分、香ばしく焼く。

青菜としめじの煮びたし

材料（1人分）

小松菜　100g

しめじ　50g

だし汁　⅔カップ

ゆずの皮（あれば）　少々

●みりん　しょうゆ　塩

[1]小松菜は洗って3～4㎝長さに切る。しめじは根元を少し切り落とし、1～2本ずつにほぐす。

[2]鍋にだし汁を入れて煮立て、みりん大さじ1、しょうゆ小さじ½、塩小さじ⅕を加えて調味する。しめじを入れ、ふたをして弱火でしんなりするまで煮る。

[3]中火にして小松菜を入れて混ぜ、煮立ってきたらふたをして弱めの中火で3～4分、しんなりするまで煮る。

[4]器に盛り、ゆずの皮をのせる。

主菜、副菜、主食をまとめて調理

せいろ蒸し定食

+鯛、野菜、花巻のせいろ蒸し
+簡単クリームチーズケーキ

いろいろな食材を同時に調理できるのが「蒸す」という方法。そして、蒸し料理に最適なのがせいろ。せいろは木製のため調理中の水分を適度に吸収するので、金属製の蒸し器のように水滴で水っぽくなりません。ふたもしっかりしているので、じっくりおいしく蒸すことができ、味が穏やか。なんと言っても、テーブルにそのまま供することができるのが魅力です。人が集まるときは大きいせいろをどーんとテーブルにのせますが、ひとりごはんのときはちょっと小さめのもの。魚介、色の違う野菜を数種類、そして市販の花巻。蒸している間にたれを作れば、もう、でき上がり。熱々の蒸したてをいただくのが醍醐味です。

　あまりに簡単すぎるので、たまにはデザートも。いつものクリームチーズとヨーグルトを合わせて冷蔵庫に入れておくと、チーズケーキさながら。食後の楽しみです。

鯛、野菜、花巻のせいろ蒸し

材料（1人分）

鯛　1切れ
ブロッコリー　3房
玉ねぎ　小½個
しいたけ　2枚
にんじん　30g
花巻（市販）　1個
●酒　塩

練りごまだれ

白練りごま　大さじ2
酢　大さじ1
しょうゆ　大さじ1
砂糖　小さじ1
おろししょうが　少々
水　大さじ1

[1]鯛はひと口大に切ってボウルに入れ、酒、塩各少々をふってからめ、5～10分おいて水気を拭く。

[2]玉ねぎは縦3等分に切る。しいたけは石づきを切る。にんじんはピーラーで薄い帯状に切る。

[3]ボウルに練りごまだれの材料を入れ、泡立て器でなめらかになるまで混ぜる。

[4]せいろに花巻、**1**、ブロッコリー、玉ねぎ、しいたけを並べ、蒸気の上がった鍋にのせ、ふたをして強火で10分ほど蒸す。にんじんを加えてさらに4～5分蒸す。**3**の練りごまだれを添える。

簡単クリームチーズケーキ

材料（1人分）

クリームチーズ　50g
プレーンヨーグルト（無糖）　大さじ2
クコの実　3粒
ミント　少々
●グラニュー糖

[1]クリームチーズはボウルに入れ、室温に戻してやわらかくする。

[2]**1**にグラニュー糖小さじ2、プレーンヨーグルトを加えてなめらかになるまでよく混ぜ、容器に入れて冷蔵庫で30分ほど冷やし固める。

[3]クコの実は水につけて戻し、やわらかくなったら水気を絞る。

[4]**2**を器に盛り、クコの実、ミントを添える。

野菜をもりもり食べたいときの、おかずサラダ

山盛りミックスサラダセット

+山盛りミックスサラダ
+パン

無性にサラダが食べたいときがあります。マリネや漬けものではなく、野菜のみずみずしさとシャキシャキ感を存分に味わいたい。そんなときの献立は山盛りサラダが主役。葉野菜やトマトといった生野菜はもちろん、にんじん、さやいんげん、じゃがいも、それからゆで卵とツナも入れた、ボリューム満点のニース風サラダ。ツナはフレークタイプではなくチャンクタイプなどを買い求め、ごろごろっと大きめにほぐして使います。ツナ缶の代わりに、鮭缶、さばみそ煮缶、サラダチキンを使ってもいいですね。魚の缶詰と卵入りだから、これ一皿で栄養のバランスもとれます。

おいしく仕上げるポイントは、にんじんを切ったらドレッシングであえて少ししんなりさせること、じゃがいもをゆでたら熱いうちにドレッシングであえておくこと。シンプルなドレッシングを自分で作ると、飽きずに最後までおいしく食べられます。

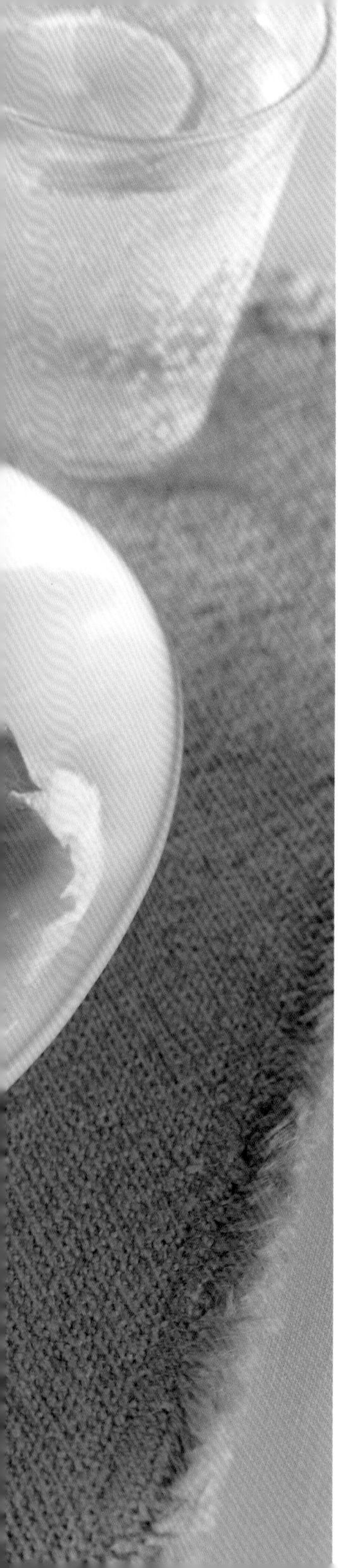

山盛りミックスサラダ

材料（2回分）
ツナ缶（チャンクタイプ）　1缶
卵　2個
じゃがいも　2個
にんじん　小1本
さやいんげん　50g
トマト　小1個
レタス　3〜4枚
フレンチドレッシング（作りやすい分量）
　ワインビネガーまたは酢　1/3カップ
　塩　小さじ1
　こしょう　少々
　オリーブオイル　2/3カップ

[1]フレンチドレッシングを作っておく。ボウルにワインビネガー、塩、こしょうを入れて泡立て器でよく混ぜ、オリーブオイルを少しずつ加えてよく混ぜる。あればボトルに入れる。

[2]ツナはざっとほぐす。卵はゆで、殻をむいてくし形に切る。

[3]じゃがいもは皮をむいて2㎝厚さのいちょう切りにし、水に10分ほどさらして水気をきる。

[4]**3**のじゃがいもを鍋に入れて水をひたひたに加え、ふたをして中火にかける。煮立ってきたら、弱火にしてやわらかくなるまで10分ほどゆで、ザルに上げる。鍋に戻し、余分な水気を飛ばして粉吹きいもにし、ボウルに移してフレンチドレッシング大さじ3をふり、混ぜて冷ます。

[5]にんじんは皮をむいてスライサーでせん切りにし、ボウルに入れる。フレンチドレッシング大さじ2をふり、しんなりするまでおく。

[6]さやいんげんは塩少々（分量外）を入れた熱湯で2分ほどゆで、ザルに上げて冷まし、3㎝長さに切る。トマトはひと口大に切る。レタスは3㎝四方に切る。

[7]器にすべての具を盛り合わせ、フレンチドレッシング大さじ4をかけて混ぜる。

ポケットサンドにしても
好みのパン（ピタパン、ドッグパン、厚切り食パンに切り目を入れるなど）にバターをぬり、ミックスサラダをはさむ。

栄養もボリュームも満点の一汁一菜

肉野菜炒め定食

+肉野菜炒め
+春雨入りコーンスープ
+ご飯

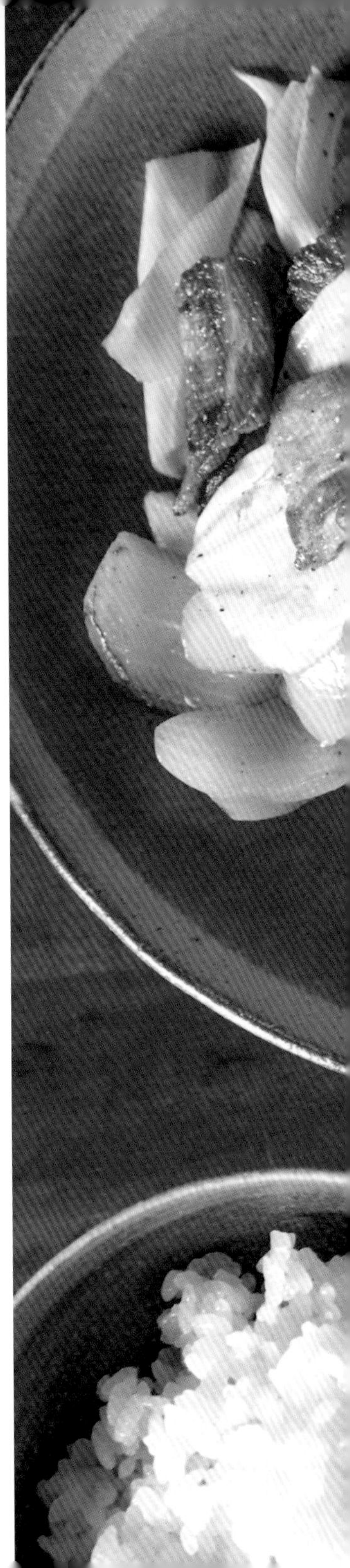

薄切り肉は下ごしらえがいらず、火の通りが早いから、チャチャッと作りたいときの便利食材。特に豚バラ薄切り肉は脂がおいしく、野菜と一緒に炒めるだけでうまみたっぷりのおかずになります。ここではキャベツ、玉ねぎ、にんじん、きくらげと一緒に炒めましたが、小松菜、もやし、レタス、ピーマンなど好きなものでOK。組み合わせる野菜を選びません。塩こしょう味のほか、カレー味、しょうゆ味、ウスターソース味にしてもいいですね。おいしさのポイントは、薄切り肉をじっくり焼いて脂を出し、さらにカリッとしてくるまで焼くことです。

肉野菜炒めに合わせるのは、口当たりのやさしいコーンスープ。これは20年ほど前から作り続けているレシピで、春雨を入れてフカヒレもどきに。コーンクリーム缶は、コーンの粒々が入っていないクリームタイプもおすすめです。

肉野菜炒め

材料（1人分）

豚バラ薄切り肉　100g
玉ねぎ　小½個
きくらげ（戻したもの）　30g
にんじん　30g
キャベツ　100g
●油　酒　塩　こしょう

[1]豚肉は4㎝長さに切る。玉ねぎは繊維に沿って1㎝幅に切る。きくらげは石づきを切り取り、食べやすい大きさに切る。にんじんは3㎜厚さの斜め切りにし、縦半分に切る。キャベツは3㎝四方に切る。

[2]フライパンに油小さじ1を熱して豚肉を広げて入れ、カリッとしてくるまで弱火で焼きつける。

[3]玉ねぎ、きくらげ、にんじん、キャベツを加えて中火で炒め合わせ、少ししんなりしたら、酒大さじ½をふり、塩小さじ⅓、こしょう少々を加えて炒め合わせる。

春雨入りコーンスープ

材料（1人分）

コーンクリーム缶（粒入り）　1缶（180g）
春雨　10g
牛乳　1カップ
●塩　こしょう　粗びき黒こしょう

[1]鍋に水1カップを入れて火にかけ、煮立ってきたら、春雨をキッチンばさみで4～5cm長さに切りながら入れ、ふたをして弱火で5分ほど煮る。
[2]コーンクリームを加え、煮立ってきたら牛乳を注ぎ入れる。塩小さじ¼、こしょう少々で味を調え、再び煮立ったら火を止める。
[3]器に盛り、粗びき黒こしょうをふる。

おいしい牛肉がちょっと食べたいときのメニュー

肉豆腐定食

+肉豆腐
+たたききゅうりのねぎ塩だれ
+ご飯

豚バラ薄切り肉と同様によく買うのが、牛の薄切り肉もしくは切り落とし肉。どちらも値段が手頃で味もよくて、牛肉がちょっと食べたいと思うときに最適です。ここで紹介するのは肉豆腐。すき焼きほど具がないからフライパンで作れて手軽だし、牛肉と豆腐に火が入ればいいのだから時間もかからないし、何より、すき焼きほど甘くないのがいいんです。豆腐は私は絹ごしが好きですが、もちろん木綿でもＯＫ。大きいまま入れて、上から煮汁をかけながら味を入れます。よくしみたところ、あまりしみていないところ、どちらも楽しめます。これだけでも十分ですが、野菜を入れたいときは、せり、春菊、わけぎ、クレソン、レタスなどを。

肉豆腐がしょうゆ味だから、副菜は塩味。たたききゅうりにねぎ塩だれをかけたもの。ごま油を効かせてパンチのある味にします。

肉豆腐

材料（1人分）
牛薄切り肉　100g
豆腐（絹ごしまたは木綿）　½丁
せり　50g
しょうが　小½片
○油　酒　みりん　砂糖　しょうゆ

[1]牛肉は大きなものは半分に切る。せりは3〜4㎝長さに切る。しょうがはせん切りにする。
[2]直径18〜20㎝のフライパンに油小さじ1を入れて中火にかけ、牛肉を広げて入れ、焼きつけるようにして炒める。色が変わったら、しょうがを加えて炒める。
[3]酒大さじ2をふり、水⅓カップを加え、煮立ってきたら、みりん大さじ1、砂糖小さじ1、しょうゆ大さじ1を加えて混ぜ、ふたをして弱火で5〜6分煮る。
[4]フライパンの真ん中を空けて豆腐を入れ、ときどき豆腐にスプーンで煮汁をかけながら、ふたをして4〜5分煮る。
[5]せりを加え、しんなりするまで煮る。
[6]煮汁とともに器に盛る。ご飯にのせて食べてもおいしい。

たたききゅうりのねぎ塩だれ

材料（1人分）
きゅうり　1本
ねぎ塩だれ
　長ねぎのみじん切り　大さじ2
　ごま油　大さじ⅔
　塩　小さじ⅕
　こしょう　少々

[1]きゅうりはまな板の上にのせ、すりこ木などで全体をたたいてひびを入れ、手で食べやすい大きさに割る。
[2]ねぎ塩だれを作る。ボウルに長ねぎを入れ、ごま油、塩、こしょうを加えて混ぜ合わせる。
[3]器にきゅうりを盛り、ねぎ塩だれをかける。

おろし玉ねぎ入りの軽い食べ心地

和風ハンバーグ定食

+和風ハンバーグ
長いもソテー添え
+きのこといんげんのみそ白あえ
+ご飯

ハンバーグは通常玉ねぎのみじん切りを入れて作りますが、あるとき、みじん切りにするのが面倒でおろし金ですりおろして入れてみたら、これが予想以上のおいしさで、やわらかくって軽い食感。大根おろしとしょうゆで和風に仕立てると、白いご飯によく合います。パンに合わせる洋風メニューならともかく、和のご飯に合わせるなら、むしろこのほうが合っているかと思うほど。ポン酢じょうゆで食べるのもおすすめです。ひき肉は合いびき肉、または鶏ひき肉を使ってください。

副菜は食べ応えのある、みそ白あえ。きのこ、さやいんげんともに下煮をしないので、その分あえ衣にみそを入れてコクを出します。また、厚揚げは表面のきつね色の部分は具にし、残りの白い豆腐の部分はあえ衣にします。あえ衣に厚揚げを使うと水きりをする必要がないので、時短になります。

和風ハンバーグ 長いもソテー添え

材料（1人分）
合いびき肉 100g
玉ねぎ 小¼個
パン粉 大さじ3
長いも 2cm
青じそ 1枚
大根おろし 50g
◎酒 しょうゆ こしょう 油

[1]ボウルにひき肉を入れ、玉ねぎをすりおろして加える。パン粉、酒大さじ1、しょうゆ小さじ½、こしょう少々を加え、手でよく混ぜ合わせ、小判形に整える。

[2]長いもは皮つきのまま、1cm厚さの半月切りにする。

[3]フライパンに油小さじ1を熱して長いもを入れ、弱めの中火で両面をこんがりと焼き、取り出す。

[4]3のフライパンをペーパータオルで拭き、油小さじ1を足し、1のひき肉を入れる。強めの中火で3分ほど色よく焼き、裏に返して1分ほど焼き、ふたをして3〜4分蒸し焼きにして中まで火を通す。

[5]器にハンバーグと長いもを盛り、水気を軽くきった大根おろしを青じその上にのせて添える。しょうゆを添える。

きのこといんげんのみそ白あえ

材料（1人分）
厚揚げ　½枚
しめじ　40g
さやいんげん　30g

あえ衣
白すりごま　大さじ1
みそ　大さじ1強
砂糖　小さじ1

[1]しめじは根元を少し切り落とし、1〜2本ずつにほぐす。さやいんげんは3cm長さに切る。

[2]鍋に湯を沸かして塩少々（材料外）を加え、しめじを入れて2分ほどゆで、さやいんげんを入れてさらに2分ほどゆで、ザルに上げて冷ます。

[3]厚揚げは揚げ色のついた表面部分を3mm厚さほど切り落とし、切り落とした部分を3cm幅の細切りにする。中身の白い部分はあえ衣に使うので、そのまま取っておく。

[4]ボウルに**3**の厚揚げの中身の部分を入れて泡立て器で細かくつぶし、白すりごま、みそ、砂糖を加えてよく混ぜ、あえ衣を作る。

[5]**3**の厚揚げの表面部分、しめじ、さやいんげんを加えてあえる。

ほうれん草入りのカレーで、無理なく野菜も摂取

キーマカレープレート

+ほうれん草キーマカレー
　ゆで卵添え
+にんじんサラダのレタスカップ

薄切り肉と並んで手軽に使えるのがひき肉。42ページのハンバーグ、50ページのマーボー春雨と並んで、このキーマカレーも我が家の定番です。1人分を作るときに留意するのは、いかに野菜を無理なくたくさんとることができるか。サラダは別に添えるとして、どんな工夫ができるかを考えます。

まずはひき肉を炒めるときに、玉ねぎを½個、煮込むときにトマトを1個加え、仕上がる少し前に青菜をたっぷり。青菜は½束くらいは入れたいから、あらかじめ炒めてカサを減らしておきます。今回はほうれん草を使いましたが、小松菜やなすを刻んで入れてもいいですね。

どうしても2回分くらいできちゃいますので、次の日はご飯にのせてドリアにしたり、ゆでうどんをあえたりパンにはさんだりして食べきります。

ほうれん草キーマカレー　ゆで卵添え

材料（2回分）
合いびき肉　160g
玉ねぎ　½個
にんにく　½片
トマト　小1個
ほうれん草　100g
クミンシード　小さじ⅓
カレー粉　大さじ1½
ご飯　160～200g
ゆで卵（好みのかたさ）　1個
◎オリーブオイル　塩

[1]玉ねぎ、にんにくはみじん切りにする。トマトは横半分に切って種を取り、1cm角に切る。ほうれん草は洗って水気をきり、1cm幅に切る。
[2]フライパンにオリーブオイル小さじ1を熱してほうれん草を入れ、塩少々をふり、中火でしんなりするまで炒めて取り出す。
[3]**2**のフライパンをさっと洗って水気を拭き、オリーブオイル大さじ1、クミンシードを入れて弱火で香りが出るまで炒め、玉ねぎ、にんにくを入れて中火でしんなりするまで炒める。
[4]ひき肉を加えて炒め、ポロポロになったら、カレー粉をふってなじませる。水½カップ、トマトを加え、煮立ってきたら、塩小さじ½を加えて混ぜ、ふたをして弱火で10分ほど煮る。
[5]**2**のほうれん草を加えて混ぜ、3～4分煮る。
[6]器にご飯を盛り、**5**のキーマカレーをかけ、ゆで卵を添える。

にんじんサラダのレタスカップ

材料（1人分）
にんじん　½本
フレンチドレッシング（33ページ参照）　大さじ1
レタス　小2枚

[1]にんじんは皮をむいてスライサーでせん切りにし、ボウルに入れる。フレンチドレッシングをふり、混ぜてしんなりさせる。
[2]レタスは洗って水気を拭き、2枚重ね、にんじんをのせる。

ドリアにしてもおいしい
温かいご飯にキーマカレー適量を加えて混ぜ、グラタン皿に入れてピザ用チーズをふり、オーブントースターでチーズが溶けるまで焼く。

うまみたっぷり、おなじみの中華で

マーボー春雨定食

＋マーボー春雨
＋中華風サラダ
＋ご飯

中国の辛味調味料・豆板醤《トウバンジャン》を使ったピリ辛味のひき肉と、春雨を組み合わせた料理が、マーボー春雨。豚ひき肉と香味野菜のうまみ満点のスープをたっぷり吸った春雨がおいしく、つるっとした食感もたまりません。春雨は乾麺などと同様に買いおきしてあるので、豚ひき肉さえ買ってくればすぐに作れるのが魅力。さらに麺と違って作りおいてものびず、冷めてもおいしい！　おいしさのポイントは、まずは春雨選び。歯応えがあって煮ても溶けにくい緑豆春雨を。そして、乾燥のままフライパンに入れて味を含ませながら煮ることです。

副菜は、中華ドレッシングであえたシャキシャキサラダ。下ごしらえした野菜は食べる直前まで冷蔵庫で冷やしておくのがおいしさのコツ。食べる直前に野菜をドレッシングであえると水っぽくなりません。マーボー春雨の口直しにぴったりです。

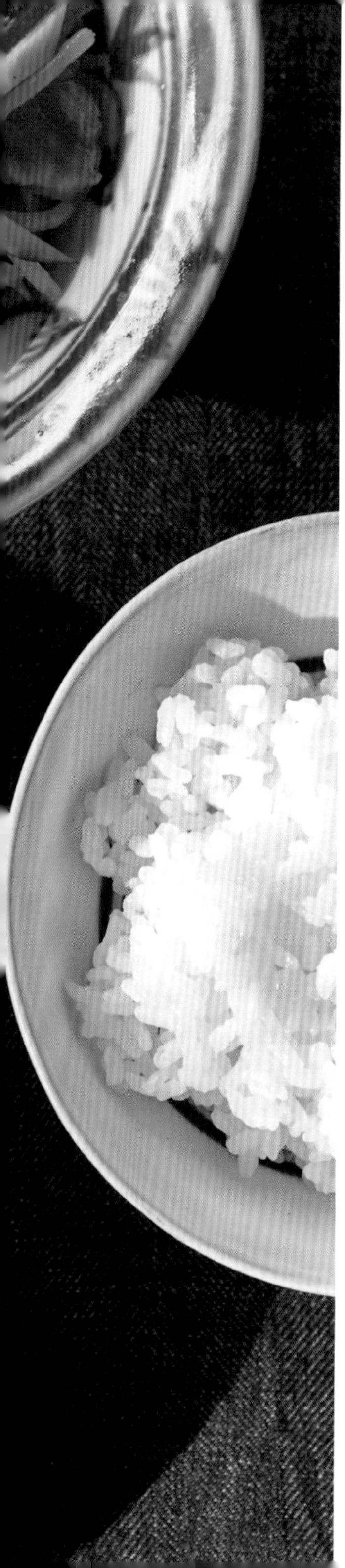

マーボー春雨

材料（1人分）
春雨　40g
豚ひき肉　80g
にんにくのみじん切り　小さじ⅓
長ねぎのみじん切り　大さじ3
香菜（あれば）　適量
○油　豆板醤《トウバンジャン》　酒　砂糖　しょうゆ　ごま油

[1]春雨は乾燥のままキッチンばさみで6～7㎝長さに切る。
[2]フライパンに油小さじ1を熱してひき肉を入れ、中火で炒める。ひき肉がポロポロになったら、にんにく、長ねぎ、豆板醤小さじ⅓を加え、ひき肉になじませるように炒める。
[3]酒大さじ2をふり、水⅔カップを加え、煮立ってきたら、砂糖小さじ1、しょうゆ大さじ1で調味する。
[4]春雨を入れ、ふたをして汁気がなくなるまで弱火で煮る。仕上げにごま油小さじ½をふる。
[5]器に盛り、香菜をのせる。ご飯にのせて食べてもおいしい。

中華風サラダ

材料（1人分）
もやし　100g
きゅうり　½本
トマト　小½個
中華ドレッシング
　しょうゆ　大さじ½
　酢　大さじ½
　ごま油　大さじ½
　砂糖、こしょう　各少々
白炒りごま　適量

[1]もやしは塩、酢各少々（分量外）を入れた熱湯で2分ほどゆで、ザルに上げて冷ます。冷蔵庫で冷やす。
[2]きゅうりは斜め薄切りにし、縦せん切りにする。トマトはヘタを取って縦4つ割りにし、横5㎜幅に切る。冷蔵庫で冷やす。
[3]ボウルに中華ドレッシングの材料を入れて泡立て器で混ぜ合わせ、もやし、きゅうり、トマトを加えてあえる。
[4]器に盛り、ごまをふる。

シンプルに楽しむ、献立の新定番

チキンのカリカリ焼き定食

+チキンのカリカリ焼きと焼きそば
+青梗菜、トマト、卵のスープ

主菜はチキンのカリカリ焼き。味つけはいさぎよく塩とこしょうのみ、あとづけのソースもなし。最近はシンプルに肉を焼くのがおいしいと思うことが多くなりました。おいしさのコツは、鶏肉の皮がきつね色になってカリカリになるまで焼き、裏面もおいしそうな焼き色がつくまでしっかり焼くことです。

そして、カリカリ焼きの隣には、中華細麺の素炒め。ご飯やパン、素ラーメンと同じ位置づけなので、味つけはこちらも塩とこしょうといたってシンプル。長ねぎのせん切りと練り辛子をつけて完成です。

あとは野菜の一皿があれば立派な定食。ここでは、野菜を食べるためのスープを提案。青菜、トマト、卵を入れ、中華スープで煮て塩味に仕上げます。しょうゆ味やナンプラー味にしてもＯＫです。

チキンのカリカリ焼きと焼きそば

材料（1人分）
鶏もも肉　大½枚
長ねぎ　4㎝
●塩　こしょう　油　練り辛子

焼きそば
中華乾麺（香港卵麺）　1玉
ごま油　大さじ½
塩、こしょう　各少々

[1]鶏肉は室温に戻し、身の部分に横に2〜3本、浅く切り込みを入れ、両面に塩、こしょう各少々をふる。塩は両面合わせて小さじ¼が目安、こしょうは好みで。
[2]長ねぎは縦に切り込みを入れて開き、縦せん切りにする。
[3]麺をゆでる。鍋にたっぷりの湯を沸かして乾麺を入れ、ほぐしながら3分ほどゆでる。ザルに上げて水気をきり、キッチンばさみで食べやすい長さに切り、ごま油をまぶしておく。
[4]フライパンに油小さじ½を熱して鶏肉の皮目を下にして入れ、フライ返しなどで押さえながら、中火で4〜5分焼く。皮目がカリッとしたら裏返し、同様にして焼き、おいしそうな焼き色がついたら取り出す。
[5]**4**のフライパンに**3**の麺を入れ、中火でほぐすようにして炒め、塩、こしょうをふる。
[6]**4**の鶏肉を食べやすい大きさに切り、焼きそばとともに器に盛り、長ねぎ、練り辛子を添える。鶏肉、麺、長ねぎを混ぜながら食べる。

青梗菜《チンゲンサイ》、トマト、卵のスープ

材料（1人分）
青梗菜　小1株
トマト　小½個
卵　1個
中華スープの素　小さじ¼
●塩　こしょう

[1]青梗菜は長さを3等分に切り、根元の部分は縦半分に切ってさらに縦3〜4等分のくし形に切る。
[2]トマトはヘタを取って縦4つ割りにし、横5㎜幅に切る。卵は割りほぐす。
[3]鍋に水1⅓カップ、中華スープの素を入れて中火にかけ、煮立ってきたら、青梗菜の根元を入れてふたをして弱火で3分ほど煮、塩小さじ¼、こしょう少々で調味する。
[4]残りの青梗菜、トマトを入れ、卵を流し入れ、卵に火が通るまで煮る。

ここで使ったのは香港の乾麺。歯切れのよい極細麺で、あっさりとした食べ心地。ゆでて汁麺にしたり、あえそばや焼きそばに使う。

冷めてもおいしいから、作りおきOK

ひじき入り卵焼き定食

+ひじき入り卵焼き
+炒めなすとピーマンのごまみそあえ
+じゃこご飯

今日は軽めの食事にしよう。そんなときは肉や魚介をなしにして、卵料理を主菜にすることがあります。卵は完全栄養食品といわれているほど栄養が豊富で、欠けているのはビタミンＣと食物繊維くらい。タンパク質の必須アミノ酸バランスが非常によいため、良質のタンパク源といえます。私はもともと卵好き。毎日食べても飽きませんが、和食の主菜としてよく作るのは卵焼き。１回に２個を目安に作りますが、卵焼きにすると冷めてもおいしく、だし巻き卵を作るより簡単。ここではひじきを混ぜて仕上げましたが、刻んだわかめやもみ海苔を入れるなどバリエーションも無限大。

副菜は、炒めたなすとピーマンをごまみそであえた小鉢。味にボリュームがあるので、ご飯がすすみます。ご飯はじゃこと青じそを混ぜただけのものですが、これだけで手をかけた気分に。１１６ページのようにお弁当仕立てにしてもいいですね。

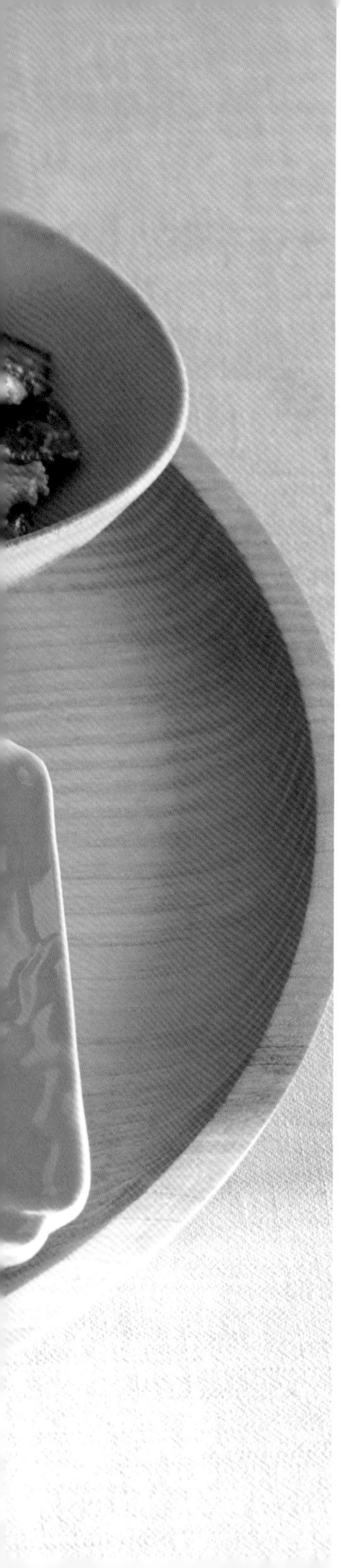

ひじき入り卵焼き

材料（1人分）
芽ひじき（乾燥） 大さじ1（4g）
卵 2個
だし汁または水 大さじ1
●砂糖 しょうゆ 塩 油

[1]ひじきはボウルに入れ、水をたっぷりと注ぎ、7～8分おいて戻す。やわらかくなったらザルに上げて水気をきる。
[2]ボウルに卵を割りほぐし、だし汁、砂糖小さじ1、しょうゆ小さじ1、塩少々を入れて調味し、ひじきを加えて混ぜる。
[3]フライパンに油少々を中火で熱して卵液の½量を流し、半熟になったら、両端を少し内側に折り、手前に巻き込む。
[4]3をフライパンの向こう側に寄せ、手前に油少々をぬり、残りの卵液を流し入れる。卵焼きを少し持ち上げて卵液を奥まで流し込み、半熟になったら両端を折り、手前に巻き込みながら焼く。
[5]食べる直前に食べやすい大きさに切り分け、器に盛る。

炒めなすとピーマンのごまみそあえ

材料（1人分）
なす 1本
ピーマン 1個
●油

ごまみそ衣
みそ 大さじ⅔
砂糖 小さじ1
白すりごま 大さじ1
水 大さじ½

[1]なすはヘタを切って食べやすい大きさの棒状に切る。ピーマンもヘタと種を取り、食べやすい大きさに切る。
[2]フライパンに油大さじ½を熱してなす、ピーマンを入れ、油をからめるようにして中火で炒め、ふたをして弱火で3～4分、やわらかくなるまで蒸し焼きにする。
[3]ボウルにごまみそ衣の材料を入れて混ぜ、なす、ピーマンを加えてあえる。

じゃこご飯

材料（1人分）
ご飯（温かいもの） 160～200g
ちりめんじゃこ、青じそのせん切り 各適量

[1]ボウルにご飯を入れ、ちりめんじゃこと青じそを加えて混ぜる。

包まないから簡単。見た目のボリュームが大事

サラダオムレツセット

+サラダオムレツ
+パン

卵料理にハム、サラダ、チーズ、パンは朝食の定番ですが、最近よく作るのがサラダオムレツです。オムレツは中はとろりとして洋食屋さんのように形よく、が理想的ですが、なかなかそうはいきません。だからオープンオムレツ。オリーブオイルを熱したフライパンに卵液を一気に流し入れ、箸で大きく混ぜて半熟になったらすぐに火からおろし、余熱で火が通る前にすぐに器に移す、この一連の作業がポイントです。卵に生クリームを少し加えるとふんわりします。

そんなやわらかく仕上げたオムレツに、ベビーリーフとごく薄切りの生ハムで作った軽い食感のサラダをたっぷりのせてサラダオムレツの完成。パルメザンチーズを薄く削ってのせるとボリュームも出ます。パンは自家製のチャバタ（70ページ参照）。いつもの材料でもちょっとした工夫で、作るのも食べるのも楽しくなります。

サラダオムレツ

材料（1人分）

卵　2個
生クリーム　大さじ1

ベビーリーフと生ハムのサラダ

ベビーリーフ　60g
生ハム　30g
オリーブオイル　大さじ1
塩、こしょう　各少々

パルメザンチーズ（かたまり）　適量
●塩　こしょう　オリーブオイル

[1]ベビーリーフと生ハムのサラダを作る。ベビーリーフは冷水にさらしてパリッとさせ、サラダスピナーで水気をきる。

[2]ボウルにベビーリーフと生ハムを入れ、オリーブオイルを加えて混ぜ、塩、こしょうで味を調える。

[3]オムレツを作る。ボウルに卵を割りほぐし、生クリーム、塩、こしょう各少々を加えて混ぜる。

[4]直径18〜20㎝のフライパンにオリーブオイル大さじ1を入れて中火で熱し、卵を一気に流し入れ、箸で大きく全体をかき混ぜる。表面が半熟になったら火を止め、器にずらすようにして移す。

[5]**4**の上に**2**のサラダをたっぷりとのせ、パルメザンチーズを薄く削ってのせる。

炒り卵サラダにしても

オムレツの代わりに炒り卵を作り、ベビーリーフと生ハムのサラダ、薄く削ったパルメザンチーズと混ぜてもおいしい。その場合、サラダには味つけをせず、全部合わせてからフレンチドレッシング（33ページ参照）大さじ2で味つけする。

いつ食べても飽きないおいしさ

エッグピザトーストセット

＋エッグピザトースト
＋ホットざくろジュース

チーズが少し焦げてとろりと溶けたピザトーストは、永遠のおいしさ。定番のハム・ピーマン・玉ねぎトリオのほか、アボカド、せん切りじゃがいも、ツナ、カリカリベーコンなどでもよく作ります。あるとき、残っていたゆで卵を大胆にも半分に切ってピザトーストにしてみたら、これが思いのほかおいしくて、今やうちの新定番になりました。マヨネーズであえる卵タルタルとはまた違ったおいしさ。下に敷くトマトは厚め、上にのせる玉ねぎとピーマンは薄めが、バランスがいいようです。

組み合わせる飲みものは、最近よくスーパーで見かけるざくろのホットジュース。ざくろはポリフェノールを豊富に含み、抗酸化力が高く、老化防止などに効果的だそう。市販のざくろジュースにスパイスを加えるとホットワインやサングリアのようなおいしさで、もちろんアルコールは入っていませんが、体も心も温まります。

エッグピザトースト

材料（1人分）
食パン（6枚切り）　1枚
卵　2個
トマト　½個
玉ねぎ　小¼個
ピーマン　1個
エメンタールチーズ（スライス）　3枚
◎オリーブオイル　トマトケチャップ　塩　こしょう

[1]卵はゆで、殻をむいて縦半分に切る。トマトはヘタを取り、6㎜厚さの半月切りにする。玉ねぎは薄切りにする。ピーマンはごく薄い輪切りにして種を取る。

[2]オーブントースターの天板に食パンをおき、オリーブオイル大さじ½をぬり、トマトケチャップ大さじ1を全体にぬり広げる。

[3]パンの上にトマトをおき、ゆで卵1個分を切り口を上にしてのせ、残り1個分は切り口を下にしてのせ、塩、こしょう各少々をふる。玉ねぎ、ピーマンの順にのせ、チーズを少しずらしながらのせる。

[4]オーブントースターに入れ、チーズがとろりとしておいしそうな焼き色がつくまで焼く。

ホットざくろジュース

材料（1人分）
ざくろジュース　180㎖
シナモンスティック　1本
クローブ　1個

[1]鍋にざくろジュース、シナモンスティック、クローブを入れて中火にかけ、煮立ってきたら弱火にし、シナモンとクローブの香りが出るまで3分ほど煮る。

パンが2枚あれば、ホットサンドにも

作り方**1**〜**3**まで同様にし、オリーブオイルをぬった食パンではさむ。フライパンに油を薄くぬり、チーズのあるほうを上にして入れ、パンの上に平らな皿などを2枚のせ、さらにふたをし、弱火で両面を焼いてカリッと仕上げる。半分に切って器に盛る。

Column

パン作りって楽しい!

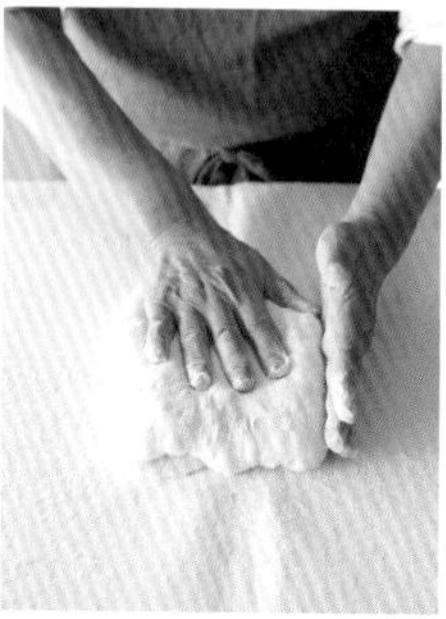

パン作りをはじめたきっかけは、13年ほど前にパン焼き器を買ったこと。東日本大震災で食糧事情が変わったこともあり、小麦粉から自分でパンを作ろうと思いはじめました。当時は、粉を混ぜるところから焼き上がりまですべてパン焼き器にお任せ。手ごねより手軽で簡単だったから、これは便利!と思いました。そのうち、おいしい生地の配合などをいろいろと試し、フランスパンや丸パン、チャバタなど、食パン系以外のシンプルなパンを作るようになりました。今も、生地を混ぜてこねるまではパン焼き器を使っています。日常的にはチャバタを作ることが多いですね。

さて、パン焼き器の仕事が終わってブザーが鳴ったら、ここからは私が楽しむ時間。生地を取り出してボウルに入れ、オーブンの発酵機能で2時間発酵。その後、成形。成形と言っても型に入れたり生地をねじったりは一切なく、キャンバス生地の上に餅肌になったパン生地をのせ、広げて三つ折りにしてとじて、折って重ねてとじて。6つに切り分けてオーブンシートを敷いた天板に並べ、オーブンへ。とにかくパン生地がやわらかいので、無心に手を動かします。

20~25分していい香りがしてきたら、いよいよ焼き上がり。オーブンから出して、焼きたてをひとついただきます。ごはんの前でも、夜遅くでも、やけどしそうな焼きたて熱々をひとつ。

その日に食べない分は、粗熱が取れてから冷凍用保存袋に入れて冷凍庫へ。食べるときにラップに包んで20~30秒レンジ加熱し、ラップを取ってオーブントースターで焼くと表面はカリッ、中はもっちり。朝食に、バターと手作りジャムをたっぷりつけて食べるのも、ひとりごはんの愉しみです。

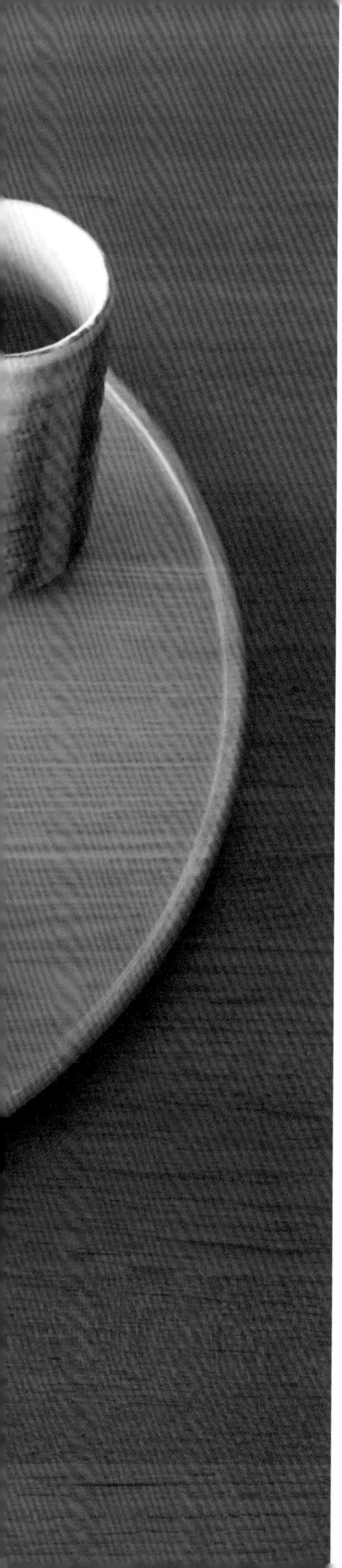

根菜が一度にいろいろ食べられるのが魅力

塩けんちん汁定食

+塩けんちん汁
+おむすび2種

けんちん汁は、たっぷりの野菜と豆腐で作る、精進の代表的料理。粗食のイメージがある精進料理にもかかわらず多くの野菜を刻んで使うのは、残り野菜を使いきるための料理だったのがゆえんだそう。今は飽食の時代の健康料理と言えますね。ここでは里いも、大根、にんじん、ごぼう、しめじ、長ねぎと6種類の野菜を使い、ちょっと贅沢に仕上げます。豆腐ははじめに油で炒めてコクを出すのがポイントです。汁はしょうゆで味つけしたすまし汁が一般的ですが、和食はしょうゆ味のものが多いので、たまには塩味で。次の日に、ゆでうどんや焼き餅を入れて食べてもおいしいです。

具だくさんの汁のお供はおむすび。炊きたてのご飯を握るのが一番おいしいですが、熱くて握れないときは、いったんお茶碗に入れてまな板の上にひっくり返し、少し冷ましてから握ります。青じそやおぼろ昆布をまとわせると目先が変わります。

塩けんちん汁

材料（2回分）
- 里いも　小3個
- 大根　150g
- にんじん　60g
- ごぼう　40g
- しめじ　50g
- 長ねぎ　6cm
- 豆腐（木綿）　⅓丁
- だし汁　4カップ
- おろししょうが　適量
- ●ごま油　塩

[1]里いもは皮をむいて小さめのひと口大に切り、塩少々でもんで水で洗い、水気をきる。大根は皮をむいて1cm厚さのいちょう切りにし、にんじんは皮をむいて1cm厚さの半月切りにする。ごぼうは皮をこそげて3cm長さに切り、縦薄切りにして水にさらし、水気をきる。しめじは根元を切って半分の長さに切る。長ねぎは1cm幅の輪切りにする。

[2]豆腐は野菜の大きさに合わせて切る。

[3]鍋にごま油大さじ1を熱して豆腐を入れて中火で炒め、長ねぎ以外の野菜を加えて炒め合わせる。

[4]だし汁を注ぎ入れ、煮立ってきたら、火を弱めてアクを取り、ふたをして野菜がやわらかくなるまで煮る。

[5]塩小さじ⅔で味を調え、長ねぎを入れ、しんなりするまで煮る。

[6]器に盛り、おろししょうがをのせる。

おむすび2種

材料（1人分）
- ご飯（温かいもの）　200g
- A たらこ　小¼腹
- 　青じそ　2枚
- B 梅干し　小1個
- 　おぼろ昆布　適量
- ●塩

[1]Aのたらこは焼き網でさっと焼き、半分に切る。

[2]Bの梅干しは種を取る。おぼろ昆布は手で細かくほぐす。

[3]水でぬらした手に塩少々をつけ、ご飯の半量をのせて中心に穴をあけ、焼きたらこをのせて包み、三角形に結ぶ。両面に青じそを貼る。あれば、上にたらこ少々をのせる。

[4]水でぬらした手に塩少々をつけ、残りのご飯をのせて中心に穴をあけ、梅干しをのせて包み、三角形に結ぶ。表面におぼろ昆布をまぶす。あれば、上に梅肉少々をのせる。

あえて多めに作って翌日も楽しみます

クラムチャウダーセット

+クラムチャウダー
+ガーリックトースト

クラムチャウダーが好きです。もともと牛乳は好きなほうで、子どもの頃から地元の牛乳をごくごく飲んでいたし、ホワイトシチューやコーンポタージュも好きでした。特にクラムチャウダーは貝のうまみたっぷりで、いつ食べても飽きないおいしさ。スーパーでよさそうなあさりを見つけると、迷わずに買い求めて繰り返し作ってきた料理のひとつです。

あさりと組み合わせる野菜は、まずはじゃがいも。あさりのうまみを吸ったホクホクのじゃがいもが、クラムチャウダーのおいしさを盛り上げます。玉ねぎ、マッシュルーム、セロリ、にんじんは具でもありつつ、おいしいスープを作る上で欠かせない存在。口当たりがいいよう、野菜はすべて同じ大きさに切りそろえるのが、こだわりです。カリッと焼いたガーリックトーストを添えていただきます。

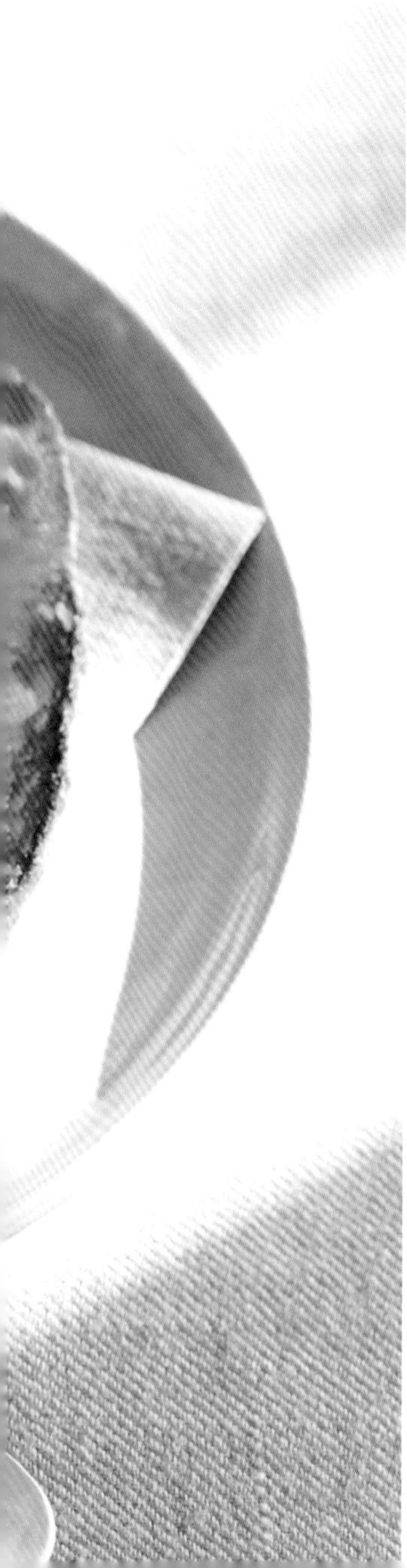

クラムチャウダー

材料（2回分）
あさり（殻つき）　250g
白ワイン　大さじ1
玉ねぎ　½個
マッシュルーム　4〜5個
セロリ　½本
にんじん　50g
じゃがいも　2個
牛乳　1½カップ
生クリーム　⅓カップ
◎バター　塩　こしょう

[1]あさりは砂を吐かせてよく洗い、水気をきる。鍋に入れて白ワインをふり、ふたをして中火にかけ、殻が開くまで蒸し煮にする。蒸し汁も取っておく。
[2]玉ねぎは1cm四方に切り、マッシュルームは石づきを取って縦4等分に切る。セロリは筋を取って1cm角に切り、にんじんは皮をむいて1cm角に切る。じゃがいもは皮をむいて1.5cm角に切り、水に10分ほどさらして水気を拭く。
[3]鍋にバター大さじ2を入れて火にかけ、溶けたら、玉ねぎを入れてしんなりするまで中火で炒める。
[4]マッシュルーム、セロリ、にんじん、じゃがいもを加えてよく炒め、水1½カップ、あさりの蒸し汁を加えて混ぜ、煮立ってきたら、火を弱めてアクを取り、ふたをして野菜がやわらかくなるまで煮る。
[5]牛乳を加えて混ぜ、塩小さじ⅔、こしょう少々で調味し、生クリーム、あさりを加えてひと煮する。

ガーリックトースト

材料（1人分）
フランスパン（細めのもの）　10cm
にんにく　½片
◎オリーブオイル

[1]パンは縦半分に切り、オーブントースターで軽く焼く。
[2]断面ににんにくの切り口をこすりつけ、オリーブオイルをぬり、再びオーブントースターで焼き目がつくまで焼く。

ご飯と組み合わせても おいしい
白いご飯にかけてもおいしいですが、洋食気分が味わえるのがパセリバターライス。炊きたてのご飯1合分に、パセリのみじん切り大さじ1、小さく切ったバター10gを加えて混ぜる。

栄養満点、おうちで韓国鍋

キムチチゲ定食

+キムチチゲ
+れんこんのゆず茶あえ
+ご飯

韓国の鍋料理＝チゲというと熱くて真っ赤で辛そう……と思う人もいるかもしれませんが、真っ赤で辛いのはキムチやコチュジャンや赤唐辛子をたくさん入れているからで、さほど辛くないチゲ、まったく辛くないチゲもあります。ここで紹介するのはキムチチゲ。白菜キムチはうまみ出しに使いますが、穏やかな辛さ。みそ味が一般的ですが、私はしょうゆ味にしてあっさりいただくのが好みです。具材は、生たら、豆腐、大根、きくらげ、大豆もやし、せり、白菜キムチと盛りだくさん。いろいろな具を組み合わせることで、おいしさが何倍にも広がるのが魅力です。途中でご飯も入れて、いい味が出たスープも余すところなく味わいます。

食べすすむうちに体の中からじんわりと温まって血液の循環もよくなり、おなかいっぱいなのに次の日「あれ、何だか体調がいいみたい！」と感じます。

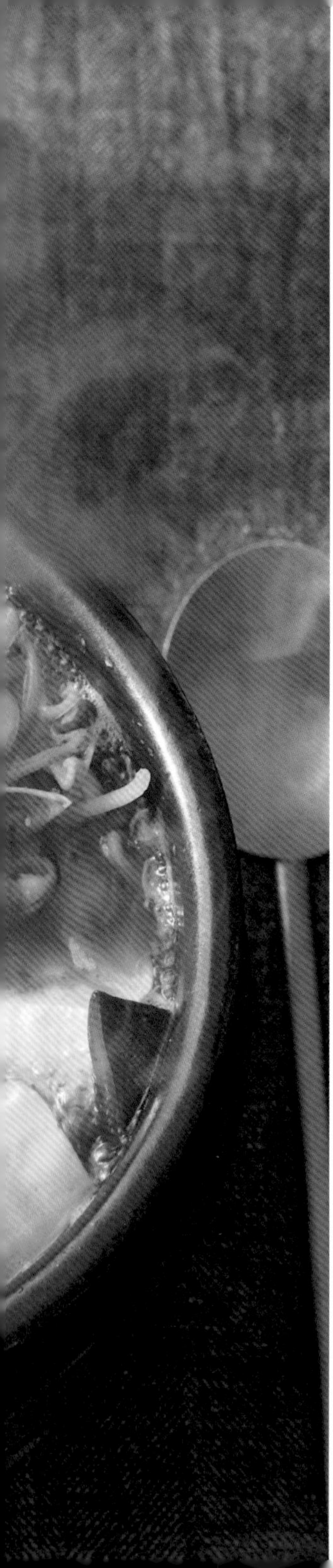

キムチチゲ

材料（1人分）

生たら　1切れ
豆腐（絹ごし）　1/3丁
大根　80g
きくらげ（戻したもの）　20g
大豆もやし　80g
せり　30g
白菜キムチ　80g
煮干しだし　2カップ
●酒　しょうゆ　塩　ごま油

[1]たら、豆腐は3等分に切る。

[2]大根は4cm長さに切り、1.5cm幅の厚めの短冊切りにする。きくらげは石づきを切り取り、食べやすい大きさに切る。大豆もやしは洗い、水気をきる。せりは4～5cm長さに切る。キムチは3cm長さに切る。

[3]小鍋をコンロにのせ、五徳が大きくて安定しない場合は焼き網をおいてから小鍋をのせる。小鍋に煮干しだし、大根、きくらげを入れて中火にかけ、煮立ってきたら、たらを入れて酒大さじ2をふり、ふたをして弱火で5～6分煮る。

[4]大豆もやしを加え、しょうゆ大さじ2/3を入れ、ふたをして3分ほど煮る。

[5]豆腐、キムチを加え、豆腐に煮汁をかけ、ふたをして3～4分煮る。

[6]塩少々で味を調え、仕上げにせりを散らし、ごま油小さじ1をふる。小鍋ごと食卓へ。ご飯を入れて食べてもよい。

れんこんのゆず茶あえ

材料（1人分）

れんこん　60g
ゆず茶　大さじ2

[1]れんこんはピーラーで皮をむき、薄い輪切りにして洗い、水気をきる。

[2]鍋にたっぷりの湯を沸かし、塩、酢各少々（材料外）を入れ、1のれんこんを入れる。透き通ってきたら、ザルに上げてゆで汁をきる。

[3]ボウルに移し、熱いうちにゆず茶を加えてあえ、冷ます。

懐かし洋食はいくつになっても食べたくなります

オムライス定食

+オムライス
+ゆで野菜のサラダ

ナポリタンと同様にたまにふっと食べたくなるのが、オムライス。トマトケチャップで炒めたご飯はどこか懐かしく、何歳になってもワクワクします。一般的にはチキンライスで作りますが、ここでは昭和レトロのおいしさを再現して、ソーセージライスに。ハムやベーコン、魚肉ソーセージで作ってもいいですね。

おいしく作るポイントは、ソーセージや玉ねぎといった具材をバターで炒め、先にトマトケチャップで味つけしてしまうこと。そのあとご飯を加えて炒めると、トマトケチャップを入れすぎることがなく、ベチャッとした仕上がりになりません。以前、老舗の洋食屋さんで教えてもらった方法です。卵はこのときばかりは3個使って、バターで風味よく焼き、半熟のうちにケチャップライスを包みます。

つけ合わせるのはゆで野菜。マヨネーズにフレンチドレッシングを混ぜて軽やかに。

オムライス

材料（1人分）

ケチャップライス

- ご飯（温かいもの） 150g
- ウインナーソーセージ 3本
- 玉ねぎ 小½個
- しいたけ 2枚
- バター 大さじ1
- トマトケチャップ 大さじ2
- 塩 小さじ⅕
- こしょう 少々

卵 3個

生クリーム（あれば） 大さじ2

◎塩 こしょう バター

トマトケチャップ

[1]ケチャップライスを作る。ソーセージは5mm幅の輪切りにする。玉ねぎは5mm角に切り、しいたけは軸を取って1cm角に切る。

[2]フライパンにバターを入れて弱めの中火にかけ、溶けたら、玉ねぎ、しいたけを入れてしんなりするまで炒め、ソーセージを加えてさらに炒める。トマトケチャップ、塩、こしょうを加えて調味する。

[3]ご飯を加え、中火でほぐすようにして炒め合わせる。

[4]ボウルに卵を割りほぐし、生クリーム、塩、こしょう各少々を混ぜる。

[5]直径20cmのフライパンにバター大さじ1を入れて中火にかけ、溶けたら、卵液を一気に流し入れ、箸で大きくかき混ぜながら半熟になるまで火を通す。

[6]火を止めて**3**のケチャップライスをのせ、フライパンを傾けて、フライパンの縁を使ってフライ返しで卵をケチャップライスの上に折り込むようにし、器にかぶせるようにして移す。

[7]ペーパータオルをのせて両手で形を整え、トマトケチャップ適量を絞る。

ゆで野菜のサラダ

材料（1人分）

- カリフラワー 50g
- ブロッコリー 40g
- フレンチドレッシング（33ページ参照） 大さじ⅔
- ◎マヨネーズ

[1]カリフラワー、ブロッコリーは小房に分け、大きなものはさらに縦半分に切る。

[2]鍋にたっぷりの湯を沸かし、塩少々（材料外）を加え、カリフラワーを入れる。30秒ほどしてブロッコリーを加えてゆでる。ザルに上げてゆで汁をきり、器に盛る。

[3]ボウルにマヨネーズ大さじ⅔、フレンチドレッシングを入れて混ぜ合わせ、**2**にかける。

簡単ご飯とお気に入りデザートで

焼きめし定食

+焼きめし
+メロン白玉

「おなかぺこぺこだから、手間のかかるものは無理」「スーパーに寄るのも面倒。家にあるものですぐに作りたい」。そんなときの助っ人役が焼きめし。チャーハンというほど本格的な中華ではなく、ピラフというほど洋風でもなく、いわゆる昔ながらの焼きめしです。ご飯が主役だからお茶碗1杯より多め。具は、冷蔵庫にある練り製品と卵、長ねぎとキャベツ。フライパンでご飯を焼きつけるようにして炒め、最後にキャベツを刻んで投入。塩、こしょう、しょうゆをたらして香りよく仕上げます。

食後は私の好きな白玉団子。長崎県島原市に「かんざらし」という伝統菓子があるのですが、白玉粉で作った小さな団子を「島原の湧水」で冷やし、カラメルっぽいシロップをかけたもので、このつるっとした白玉と上品な甘さ、喉越しのよさが昔から大好きでした。だから私の白玉団子は小さめ。季節のフルーツと合わせて作ります。

焼きめし

材料（1人分）
ご飯（温かいもの）　200g
ちくわ　1本
キャベツ　80g
卵　1個
長ねぎのみじん切り　大さじ3
●油　酒　塩　こしょう　しょうゆ

[1]ちくわは縦半分に切り、薄切りにする。キャベツは2㎝四方に切る。卵はボウルに割り入れてほぐす。
[2]フライパンに油小さじ1を中火で熱して卵を流し入れ、大きくかき混ぜて半熟に火を通し、取り出す。
[3]2のフライパンに油大さじ1を足して熱し、長ねぎ、ちくわの順に入れて中火で炒める。ご飯、2の卵を加え、ご飯をほぐすようにしながら炒め合わせる。
[4]キャベツを加えてさらに炒め、酒大さじ1をふり、塩小さじ1/5、こしょう少々、しょうゆ少々を加えてさらに炒める。

メロン白玉

材料（2回分）

白玉
- 白玉粉　½カップ
- 水　大さじ3〜4

メロン　100g

シロップ
- 水　1カップ
- グラニュー糖　大さじ3

[**1**]シロップを作る。耐熱容器に水、グラニュー糖を入れて混ぜ、ラップなしで電子レンジで1〜2分加熱してグラニュー糖を溶かし、粗熱が取れたら冷蔵庫で冷やす。

[**2**]メロンは種を取り、小さめのくりぬき器または小さいスプーンで丸くくりぬき、**1**のシロップに加えておく。

[**3**]白玉を作る。ボウルに白玉粉を入れ、水を様子を見ながら加えて耳たぶぐらいのかたさになるまでよくこねる。小さくちぎり、手で丸く形作る。

[**4**]鍋にたっぷりの湯を沸かし、**3**の白玉を入れ、煮立ってきたら、火を弱めてゆでる。白玉が浮いてきてからさらに1分ほどゆで、冷水にとって冷まし、水気をきる。

[**5**]**1**のシロップに白玉を入れ、器に盛る。

餅は便利食品。一年中楽しめます

お雑煮定食

＋お雑煮
＋いかとわけぎの辛子酢みそ

私は鶏食文化の根づいた福岡県出身なので、お雑煮も当然ながら鶏肉。野菜は大根、にんじん、ごぼう、そして福岡の伝統野菜「かつお菜」という青菜で、味つけは塩としょうゆのすまし汁仕立て。鶏肉はひね鶏（卵を産む役目を終えた鶏）だったから、脂っこくなくてあっさりめ。お餅は丸餅で、ゆでてから入れます。今も毎年お雑煮はこれです。

でも、実はお正月以外も普通に食べています。酢みそあえなどしょうゆ味でない小鉢を添えると味のバランスがいいですね。

お餅は調理が簡単で、消化がよく、日持ちもするから便利。ゆでてきなこ砂糖をからめたり、焼いて砂糖じょうゆをからめたり。小さく切って茶碗蒸しに入れる、焼き餅と牛肉を一緒に炒める……など料理にも活用しています。

お雑煮

材料（1人分）

丸餅または切り餅　2個
鶏もも肉　60g
大根　1cm厚さの輪切り1枚
にんじん
　8mm厚さの輪切り2枚
ごぼう　4cm
小松菜　30g
干ししいたけ（戻したもの）
　1枚
だし汁　2カップ
ゆずの皮　少々
◎酒　薄口しょうゆ　塩

[1]鶏肉は3cm角くらいに切る。大根は皮をむいて半月切りにし、にんじんも皮をむいて、大きければ半月に切る。ごぼうは皮をこそげてせん切りにしてさっと洗い、水気をきる。小松菜は3cm長さに切る。

[2]鍋にだし汁、鶏肉、大根、にんじん、ごぼう、しいたけを入れて中火にかけ、煮立ってきたら、火を弱めてアクを取り、酒大さじ½を入れ、ふたをして10分ほど煮る。

[3]薄口しょうゆ少々、塩小さじ⅓で調味し、小松菜を入れてひと煮する。

[4]別の鍋に湯を沸かして餅を入れ、煮立ってきたら、火を弱めてふたをして、やわらかくなるまでゆでる。

[5]器に**3**の大根を敷くようにして入れ、餅をのせ、残りの具を盛る。汁を注ぎ入れ、ゆずの皮を飾る。

いかとわけぎの辛子酢みそ

材料（1人分）

いか（刺し身用）　50g
わけぎ　80g
辛子酢みそ
　白みそ　大さじ2
　砂糖　大さじ½
　酢　大さじ1
　練り辛子　少々

[1]わけぎは白い部分と緑色の部分に切り分ける。鍋に湯を沸かし、白い部分を入れ、しんなりしたらザルに取り出す。続いて緑色の部分を入れてさっと火を通し、ザルに広げて冷ます。どちらも3cm長さに切りそろえる。ゆで汁はそのまま取っておく。

[2]いかは表面に浅い切り込みを数本入れ、**1**のゆで汁を沸かしてさっとゆで、冷水にとって冷まし、ザルに上げる。水気を拭いて食べやすい大きさに切る。

[3]辛子酢みそを作る。耐熱容器に白みそ、砂糖を入れて混ぜ、ラップなしで電子レンジで15秒ほど加熱する。酢、練り辛子を加えて混ぜる。

[4]器にいかとわけぎを盛り、辛子酢みそをかける。

小麦粉とれんこんで作ると軽い食べ心地

すいとん定食

＋れんこん入りすいとん
＋白菜の浅漬け

すいとんは小麦粉を水で溶いた生地を、スプーンですくったり手でちぎったりして汁の中に落とし、野菜と一緒に煮た料理。味つけはしょうゆ、またはみそ。私がすいとんを知ったのは東京へ来てから。関西から東日本ではポピュラーらしく、東京生まれの友人は、子どもの頃、食欲があまりない朝に、みそ汁にすいとんを入れてもらって食べていたそう。

私にとってのすいとんは、体が温まる冬の味。れんこんやかぶ、大根などの根菜やきのこ、味出しに油揚げを入れてみそ仕立てにすると、無理なく体の中に入っていき、ほっと体がゆるみます。最近は、すいとんの生地にれんこんやかぶのすりおろしを入れ、さらに軽い食べ心地を楽しんでいます。

箸休めには白菜漬け。浅漬けにするとサラダ感覚でたくさん食べられます。

れんこん入りすいとん

材料（2回分）

小麦粉　50〜60g
れんこん　150g
油揚げ　1枚
白まいたけ　50g
かぶ　2個
かぶの葉　30g
だし汁　4カップ
●みそ

[1]油揚げは縦半分に切り、1cm幅に切る。白まいたけは食べやすい大きさにほぐす。かぶは皮をむいて縦8等分のくし形に切る。かぶの葉は3cm長さに切る。

[2]れんこんは皮をむいてさっと洗い、水気をきる。おろし金ですりおろしながらボウルに入れ、小麦粉を加えて手で練り合わせる。

[3]鍋にだし汁、油揚げ、白まいたけ、かぶを入れて中火にかけ、煮立ってきたら、火を弱めてふたをし、野菜がやわらかくなるまで煮る。

[4]スプーンを水でぬらし、**2**の生地を適量ずつすくって**3**の鍋に入れ、5分ほど煮て中まで火を通す。

[5]みそ大さじ2〜3を溶き入れ、かぶの葉を入れてひと煮する。

白菜の浅漬け

材料（作りやすい分量）

白菜　400g
赤唐辛子　1本
昆布　5cm四方1枚
ゆずの輪切り　1/6個分
●塩

[1]白菜は洗って水気をきり、半分の長さに切り、根元は芯をつけたまま縦2等分に切る。

[2]冷凍用保存袋に白菜を入れ、塩10〜12gを加え、袋の外からもんで、まんべんなく混ぜる。赤唐辛子、昆布、ゆずを入れて混ぜ、余分な空気を抜いて冷蔵庫でひと晩ほど漬ける。

[3]軽く水気を絞って3cm長さに切り、器に盛り、昆布をせん切りにし、赤唐辛子は輪切りにしてのせる。

肌寒い日の定番、食べきりのひとり鍋

鍋焼きうどん

+鍋焼きうどん

1人前を調理できる、ちょうどいいサイズの土鍋を持っていますか。1人分をチャチャッと作ってそのまま食卓に持っていき、温かさを保ちながら食事を楽しむことができるのが、土鍋の魅力。ひとり暮らしには不可欠な道具です。私が使っているのは伊賀の土楽さんの土鍋。ひとり鍋の中では大きいほうですが、深さがあって使い勝手がよく、煮込みうどん、しゃぶしゃぶ、水炊きなどにも使えます。いろいろな具をのせたい鍋焼きうどんにもうってつけです。

材料はうどん、えび天、卵、鶏肉、かまぼこなどの練りもの、きのこ、長ねぎ……と、えび天以外は下ごしらえなしの切るだけ。おそば屋さんで食べるよりもおいしくしたいから、ここは頑張って大きめのえびを買ってきてえび天を作りましょう。揚げ油は米油を使うと軽い感じに揚がり、煮汁がしみても油っこくなりません。

鍋焼きうどん

材料（1人分）
冷凍うどん　1玉
えび天（作りやすい分量）
えび　大4尾
溶き卵　½個分
冷水　⅔カップ
小麦粉　適量
揚げ油　適量

鶏もも肉　60g
しいたけ　1枚
かまぼこ　2切れ
長ねぎ　6cm
だし汁　3カップ
卵　1個
◎酒　みりん　しょうゆ

[1]えび天を作る。えびは尾の2節ほどを残して殻をむき、背ワタがあれば取り除き、洗って水気を拭く。腹の部分に浅く4～5本切り込みを入れる。

[2]ボウルに溶き卵と冷水を入れて混ぜ、小麦粉⅔カップを加えてさっくりと混ぜて衣を作る。

[3]えびに小麦粉少々をまぶし、衣をつけ、中温に熱した揚げ油で揚げる。途中で裏に返しながら、1～2分揚げて取り出し、天かすをすくい取る。2本ずつ揚げるとよい。

[4]鶏肉はひと口大のそぎ切りにする。しいたけは軸を切り、飾り切りをする。長ねぎは3cm長さに切り、横に数か所の浅い切り込みを入れる。

[5]冷凍うどんは耐熱容器に入れ、ラップをかけて電子レンジで1分ほど加熱する。

[6]土鍋にだし汁を入れて中火にかけ、煮立ったら、酒大さじ1、みりん大さじ1、しょうゆ大さじ2で調味する。鶏肉を入れ、色が変わったら、うどんを加えてほぐしながら煮る。

[7]しいたけ、長ねぎ、かまぼこ、えび天をのせ、卵を割り落としてふたをし、具と卵に火が通るまで弱火で煮る。

冷凍しておくと便利

えび天を冷ましてバットに並べ、ラップをかけて冷凍庫で凍らせる。冷凍用保存袋に移して空気を抜き、冷凍庫へ。天かすも捨てずに冷凍。2週間ほど保存可。

えび天で小どんぶり

鍋に天つゆ大さじ4を入れて弱火にかけて煮立て、えび天2本を入れてさっと煮る。ご飯にえび天をのせ、煮汁をかけ、野沢菜漬けを添える。

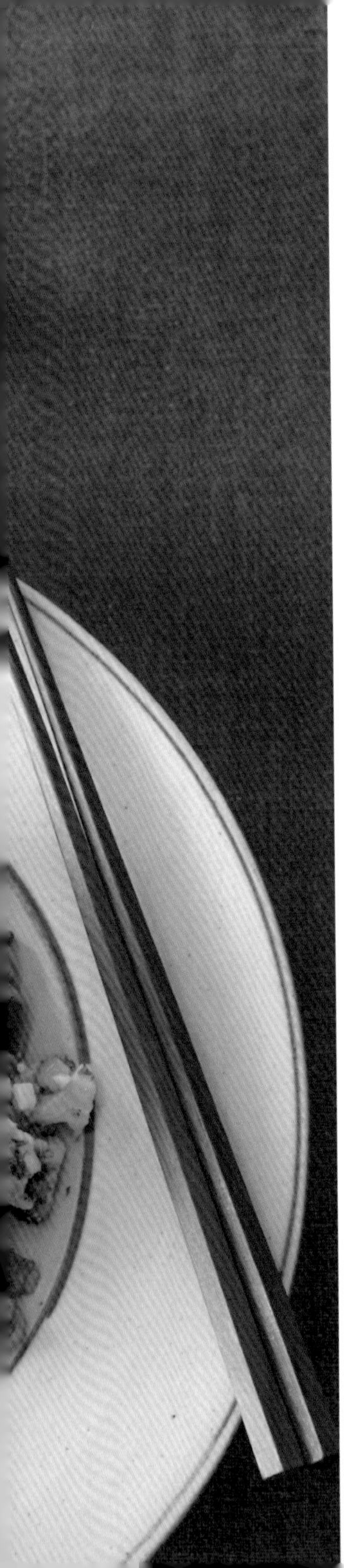

そばを炒めると、新しいおいしさ

変わりそば定食

+そばのブロッコリーベーコンソース
+かぼちゃのシナモンバター炒め

ある日、テレビでモンゴルのドキュメンタリー番組を見ていたら、モンゴルの人たちがおいしそうな麺料理を作って食べていました。目を凝らして見ていると、油でにんにくと赤唐辛子と乾燥肉を炒め、パセリのみじん切りのようなものも入れ、日本そばのような麺と炒め合わせていました。あとで考えたら乾燥肉はラムだったのかと思うし、パセリじゃなくて何かの葉っぱ。ネットで検索したら、モンゴルやロシアや中国北西部の標高の高い荒れ地は昔から韃靼《だったん》そばの産地と知りました。

さっそく乾麺のそばをゆでて、にんにく、赤唐辛子、ベーコンのオイルソースであえてみたら、これがおいしい！　作り続けているうちにゆで卵のみじん切りやブロッコリーの粗みじん切りを入れるレシピになりました。日本のそばと油の相性は二重丸。ぜひ試してみてください。ちょっとピリ辛なので、副菜は甘めのおかずに。

そばのブロッコリーベーコンソース

材料（1人分）

そば（乾麺）　80g

ブロッコリーベーコンソース

- ブロッコリー　70g
- ゆで卵　1個
- ベーコン　4枚
- にんにく　½片
- 赤唐辛子　1本
- オリーブオイル　大さじ2
- パセリのみじん切り　大さじ2
- 塩　小さじ⅓
- こしょう　少々

[1]ブロッコリーベーコンソースを作る。ブロッコリーは粗みじん切りにする。ゆで卵は殻をむいて粗みじん切りにする。ベーコンは5㎜幅に切る。にんにくはみじん切りにし、赤唐辛子は輪切りにする。

[2]フライパンにオリーブオイル、ベーコンを入れて弱火にかけ、ベーコンがカリカリになるまでじっくりと炒める。

[3]にんにく、ブロッコリーを加えてさらに炒め、にんにくの香りが立ったらふたをし、ときどき混ぜながら2～3分蒸し炒めにする。

[4]赤唐辛子、ゆで卵を加えて炒め合わせ、パセリを加え、塩、こしょうで味を調える。いったん火を止める。

[5]そばはたっぷりの熱湯で表示時間どおりゆで、ザルに上げてゆで汁をきり、冷水で洗ってしめ、水気をきる。

[6]4を再び火にかけ、そばを加え、具をからめるようにして炒め合わせる。

かぼちゃのシナモンバター炒め

材料（1人分）

かぼちゃ　正味100g

シナモンパウダー　少々

●米油　バター　グラニュー糖

[1]かぼちゃは皮つきのまま洗い、半分の長さに切り、くし形に切る。

[2]フライパンに米油大さじ½を熱し、かぼちゃを入れて混ぜ、ふたをして弱火で4～5分蒸し焼きにする。裏に返して同じように蒸し焼きにする。

[3]かぼちゃがやわらかくなったら、バター大さじ½、グラニュー糖小さじ1、シナモンパウダーをふってからめる。

栄養バランスOK、手作りデザートつき

冷やし中華定食

+冷やし中華
+豆乳寒天 フルーツのせ

いろいろな具がのっている冷やし中華はそれだけで栄養満点、見た目も賑やかだから気持ち的にも満足できるのが魅力です。野菜は色の違うものを3種類、ここではトマト、きゅうり、さっとゆでたもやし。動物性タンパク質は1本単位で買える鶏ささ身。電子レンジで加熱すればすぐに火が通るので、手軽です。卵も彩りと味の両方の点から外せません。おいしく仕上げるポイントは、ゆでて汁気をきった麺に、先にたれをかけてからめてしまうこと。あとは具をのせるだけ。この方法だとたれが水っぽくならず、最後までおいしく食べきれます。

デザートは豆乳で作る寒天。豆乳はそのまま飲むのはちょっと苦手ですが、寒天で固めてシロップを注ぐと杏仁豆腐のような食べ心地になり、いくらでも食べられます。フルーツは好みのものを。まったくなくても構いません。

冷やし中華

材料（1人分）

中華生麺　1玉
鶏ささ身　1本
もやし　80g
きゅうり　½本
トマト　¼個
薄焼き卵　卵½個分

たれ

しょうゆ　大さじ2
酢　大さじ1
砂糖　小さじ1
鶏ささ身の蒸し汁　大さじ1
ごま油　大さじ½

●酒　練り辛子

[1]鶏ささ身は筋があったら取り、耐熱容器に入れて酒小さじ1をふり、ラップをふんわりとかけて電子レンジで1分15秒ほど加熱する。そのまま冷まし、手で細かくほぐす。蒸し汁は取っておく。

[2]もやしはひげ根を取り、塩、酢各少々（分量外）を入れた熱湯で1～2分ゆで、ザルに上げて冷ます。

[3]きゅうりは斜め薄切りにし、縦せん切りにする。トマトは5㎜厚さの半月切りにする。薄焼き卵はせん切りにする。

[4]ボウルにたれの材料を入れ、混ぜ合わせる。

[5]中華生麺はたっぷりの熱湯で表示時間どおりゆで、ザルに上げて冷水で洗って冷まし、水気をよくきる。4のボウルに入れ、たれをからめる。

[6]器に麺を盛り、具を並べてのせ、練り辛子を添える。

豆乳寒天 フルーツのせ

材料（1人分）

豆乳（成分無調整）　1パック（200㎖）

粉寒天　2g

フルーツ（パパイヤ、いちご、ブルーベリーなど好みのもの）　80g

シロップ

―水、グラニュー糖　各大さじ3〜4

[1] 鍋に水大さじ3、粉寒天を入れて混ぜて溶かし、弱火にかけて透明になるまで火を通し、豆乳を加えて混ぜる。器に流し入れ、冷蔵庫で冷やし固める。

[2] シロップを作る。耐熱容器に水、グラニュー糖を入れて混ぜ、ラップなしで電子レンジで1分加熱してグラニュー糖を溶かし、冷めたら冷蔵庫で冷やす。

[3] パパイヤは小さめのくりぬき器でくりぬく。いちごは小さめのひと口大に切る。ブルーベリーは洗って水気を拭く。

[4] 食べるときに豆乳寒天に**3**をのせ、シロップを注ぐ。

炭水化物、タンパク質、野菜をバランスよく

ショートパスタ定食

＋えびとアスパラのクリームパスタ
＋生野菜のサラダ

「一皿でも二皿でもバランスよく食べる」、これこそがひとり定食の大きなテーマ。パスタ料理はあくまでもパスタが主役でありたいけれど、具には、肉か魚介のどちらか1素材、野菜1素材以上を入れるようにしています。野菜はパスタと一緒にゆでられるものがいいですね。

今回使うパスタは、マカロニ、ペンネなどのショートパスタ。ショートパスタは厚みがあってしっかりとした食感なので、ゆで時間はスパゲッティに比べて長め。でももちっとした食感で食べ応えがあり、スパゲッティと違ってのびにくいので、作ってすぐに食べなくちゃとあせる必要がなく、さっと作ってゆっくり味わうことができるのが魅力です。一回に口に入れる量は2～3本だから、早食い防止にもなります。パスタ一皿でもいいですが、生野菜のサラダを添えれば完璧です。

えびとアスパラのクリームパスタ

材料（1人分）

マカロニ　70g
むきえび　70g
グリーンアスパラガス　3本
玉ねぎ　小½個
マッシュルーム　60g
白ワイン　大さじ1
生クリーム　大さじ4
◎塩　バター　こしょう

[1]えびは背ワタがあれば取って洗い、水気を拭く。

[2]アスパラガスは切り口を少し切り落とし、下半分の皮をピーラーでむき、3～4cm長さに切る。玉ねぎは縦5mm幅に切る。マッシュルームは石づきを取って縦5mm幅に切る。

[3]マカロニは塩少々を入れたたっぷりの熱湯でゆではじめ、表示時間の2分ほど前にアスパラガスを加えて一緒にゆでる。ザルに上げてゆで汁をきる。

[4]フライパンにバター大さじ1を入れて弱めの中火にかけ、バターが溶けたら玉ねぎ、マッシュルームを加え、しんなりするまで炒める。えびを加えて炒め合わせ、白ワインをふり、塩、こしょう各少々をふり、生クリームを加える。

[5]**3**のマカロニとアスパラガスを加えて少し煮からめる。

生野菜のサラダ

材料（1人分）

レタス　小⅙～¼個
トマト　¼個
きゅうり　¼本
フレンチドレッシング（33ページ参照）　大さじ3
玉ねぎのすりおろし　大さじ1

[1]レタス、トマト、きゅうりはそれぞれ洗い、水気をきり、冷蔵庫で冷やしておく。

[2]ボウルにフレンチドレッシングを入れ、玉ねぎのすりおろしを加えて混ぜる。

[3]レタス、トマト、きゅうりを食べやすい大きさに切り、器に盛り、**2**のドレッシングをかける。

お弁当仕立てにすると、ごはんの時間が楽しみに

ハムカツ海苔弁当

+ハムカツのせ海苔とおかかご飯
+せん切りキャベツ
+ほうれん草のごまあえ

使い捨て容器に入った海苔巻きより折り詰めの海苔巻き、袋詰めのクッキーよりクッキー缶……中身は同じでも見せ方ひとつでおいしさ感が違ってくるのが料理のおもしろいところ。いつものご飯とおかずでも、お弁当箱に詰めるだけでおいしそうに見え、ワクワク感があり、スペシャルな気分になるから不思議です。

ここでは定番の海苔弁を作ります。ご飯と海苔とおかかじょうゆは2段重ね。上にのせるのは鮭でもちくわの磯辺揚げでもいいけれど、今日はハムカツ。ハムは5枚重ねて厚みを出した豪華版です。あとは、ハムカツのつけ合わせとしてキャベツのせん切り、野菜のごまあえ、梅干し。

仕事場に持って行くわけでもなく、近くの公園に行くわけでもないけれど、自分のために詰めるのは楽しく、そして、ごはんの時間が待ち遠しくなります。

ハムカツのせ海苔とおかかご飯

材料（1人分）
ハムカツ
　ロースハム　5枚
　水溶き小麦粉　適量
　パン粉　適量
　揚げ油　適量
削り節　1パック（5gくらい）
ご飯　200g
焼き海苔　½枚
梅干し　1個
●しょうゆ

[1]ハムカツを作る。ハムは5枚重ね、水溶き小麦粉、パン粉の順に衣をつける。

[2]フライパンの深さ½まで揚げ油を入れて中温に熱し、1のハムを入れる。ときどき裏に返しながら色よくカリッと揚げ、ペーパータオルの上に取り出す。

[3]削り節はボウルに入れ、しょうゆ少々をふってからめる。海苔は半分の長さに切る。

[4]弁当箱にご飯の½量を詰め、3の削り節の½量を散らし、海苔の½量をのせる。残りのご飯をのせ、残りの削り節、残りの海苔を重ねてのせ、その上にハムカツをおく。梅干しを添える。

せん切りキャベツ

材料（1人分）
キャベツ　50g
にんじん　少々

[1]キャベツとにんじんはごく細いせん切りにし、冷水にさらす。

[2]パリッとしたら冷水から出し、サラダスピナーで水気をよくきる。

ほうれん草のごまあえ

材料（作りやすい分量）
ほうれん草　80g
白すりごま　大さじ1
●しょうゆ　砂糖

[1]ほうれん草は洗って3cm長さに切り、塩少々（材料外）を加えた熱湯で1分ほどゆでる。ザルに上げてゆで汁をきり、冷水にとって冷まし、水気をよく絞る。

[2]ボウルに白すりごま、しょうゆ大さじ½、砂糖小さじ½を入れて混ぜ、ほうれん草を加えてあえる。

好きなものだけだから、無駄が出ません

手巻きずし定食

+刺し身と野菜のひとり手巻き
+かき玉汁

えっ、ひとりで手巻き？と思うかもしれませんが、ひとりだから手巻きです。自分が食べたい分だけ好きなネタを買い、食べられる量のすしめしを作ればいいのだから、余ることも足りないこともなく、無駄のない一食になります。

私の場合はまぐろと鯛の刺し身を買ってきて、まぐろは「漬け」にし、鯛は巻きやすい大きさにそぎ切り。奮発してイクラかうに。どんぶりにするわけではないので、小さいパックをひとつ。福岡育ちの私には明太子も欠かせません。野菜は薬味を兼ねて青じそ、貝割れ菜、きゅうりのせん切りをたっぷり用意。すしめしは20ページで紹介したように、ボウルに温かいご飯を入れ、酢、塩、砂糖を次々入れて混ぜるだけ。海苔は多いほうがおいしいから、1本につき½枚を使います。厚焼き卵は作らず、かき玉汁を作ります。しょうゆ味の手巻きずしには、やさしい味の汁ものが合います。

刺し身と野菜のひとり手巻き

材料（1人分）

すしめし
- ご飯（温かいもの）　200〜250g
- 酢　大さじ1
- 塩　小さじ⅕
- 砂糖　小さじ½

まぐろの刺し身　5切れ
鯛の刺し身　小1さく
イクラ　30g
辛子明太子　小½腹
きゅうり　⅔本
貝割れ菜　30g
青じそ　8枚
焼き海苔　適量
わさびのすりおろし　適量
◦しょうゆ　みりん

[1]ボウルにご飯を入れ、酢、塩、砂糖を加え、切るようにして混ぜてすしめしを作る。
[2]ボウルにしょうゆ小さじ1、みりん小さじ1を入れて混ぜ、まぐろを入れてからめ、10分ほど漬ける。鯛は5㎜厚さのそぎ切りにする。辛子明太子は縦に棒状に切る。
[3]きゅうりは5㎝長さに切り、縦せん切りにする。貝割れ菜は根元を切り、青じそは茎を切る。海苔は半分に切る。
[4]刺し身とイクラ、辛子明太子、野菜、わさびを盛り合わせ、すしめしと海苔は別の器に入れる。海苔の上にすしめし、好きなネタとわさびをのせて巻き、しょうゆをつけて食べる。

かき玉汁

材料（1人分）
卵　½～1個
だし汁　1カップ
●しょうゆ　塩
水溶き片栗粉
　片栗粉　小さじ½
　水　大さじ½

[1] 卵は割りほぐす。

[2] 鍋にだし汁を入れて火にかけ、煮立ったら、しょうゆ、塩各少々で味を調える。水溶き片栗粉で薄いとろみをつける。

[3] 1を少しずつ回し入れ、卵に火が通って浮いてくるまで火を通す。あれば細ねぎの小口切り少々（材料外）を散らす。

たまの贅沢、ひとりごはんの愉しみ

和風ステーキ定食

+ヒレステーキ
+切り干し大根と油揚げの煮もの
+ご飯

今日は1品しか作りたくないなあ、という日があります。そんなときはステーキ。塩とこしょうをふって、フライパンで焼くだけです。以前はサーロインを買うことが多かったのですが、年齢とともに霜降りより赤身のほうが食べやすくなり、今は、ちょっといいヒレかランプを選びます。上手に焼くポイントは、牛肉を焼く少し前に冷蔵庫から出しておくこと。冷蔵庫から出したばかりの肉は火の入りが悪く、表面はしっかり焼けていても、中心部分まで火が入るのには時間がかかってしまいます。また、塩とこしょうは焼く直前にふること。塩をふってから時間があくと、その間に水分と一緒にうまみが出てしまいます。上手に焼けたステーキはこの上ないおいしさ。塩とわさびでいただきます。

主食はやっぱりご飯。作りおきもできる、しょうゆ味のおかずを添えて定食に。

ヒレステーキ

材料（1人分）

牛ヒレ肉（ステーキ用）　1枚（120〜140g）

そら豆　6粒

わさびのすりおろし　適量

◎塩　こしょう　油

[1]牛肉は室温に戻し、塩、こしょう各少々をふる。

[2]そら豆は薄皮をむく。

[3]フライパンに油小さじ½を熱し、そら豆を入れて中火で両面を焼いて中まで火を通し、取り出す。

[4]**3**のフライパンをさっと洗って水気を拭き、油大さじ½を熱して牛肉を入れる。強めの中火で1分ほど焼き、弱火で1分焼く。裏に返して強めの中火で1分ほど焼き、弱火で1分焼く。

[5]ステーキを食べやすい大きさに切って器に盛り、そら豆をつけ合わせ、塩適量、わさびを添える。好みでしょうゆ（材料外）も添える。

切り干し大根と油揚げの煮もの

材料（作りやすい分量）
切り干し大根（やや太めのもの）　30g
にんじん　4cm
油揚げ　2枚
だし汁　1カップ
●油　みりん　しょうゆ

[1]切り干し大根はたっぷりの水で洗い、ザルに上げる。ボウルに入れて新たにたっぷりの水に浸し、表示時間どおりに戻す。水気をよく絞り、長いものは食べやすい長さに切る。これで140gくらいになる。

[2]にんじんは皮をむいて5mm角くらいの棒状に切る。油揚げは縦半分に切り、1cm幅に切る。

[3]鍋に油大さじ1を熱し、切り干し大根、にんじんを入れて中火で炒め、油揚げを加えてだし汁を注ぐ。

[4]煮立ってきたら、みりん大さじ2、しょうゆ大さじ1½～2を加えて混ぜ、再び煮立ってきたら、火を弱めてふたをして10分ほど煮る。煮汁が多い場合は、ふたを取って中火で少し煮詰める。火を止めてそのまま冷ます。

[5]食べる前に再び中火にかけて温め、器に盛る。

大庭英子 おおば・えいこ

身近な材料と普段使いの調味料で作る家庭料理に定評がある。和・洋・中・エスニックのジャンルを超えた幅広いレシピの数々は、どれも自然体のおいしさで、いつ食べても飽きない味わい。毎日食べるものこそ大事に考えたい、と思わせてくれるものばかり。2022年に出版した『68歳、ひとり暮らし。きょう何食べる?』(家の光協会)は、ひとり暮らしの食生活をポジティブに見直す一冊となっている。

ブックデザイン　若山嘉代子　L'espace
撮影　邑口京一郎
スタイリング　久保原惠理
編集　松原京子
校正　安久都淳子
DTP製作　天龍社

71歳、ひとり暮らし。愉しい定食
さっと作ってゆったり味わう

2024年6月20日　第1刷発行

著者　大庭英子
発行者　木下春雄
発行所　一般社団法人　家の光協会
〒162-8448　東京都新宿区市谷船河原町11
電話　03-3266-9029(販売)
03-3266-9028(編集)
振替　00150-1-4724
印刷・製本　株式会社東京印書館

ISBN978-4-259-56803-0　C0077